5천만 원으로 5년 만에 50억을 만든
부동산 경매 고수의 현실적인 투자 비결

누구나 갓물주로 만들어 주는 555법칙

5천만 원으로
5년 만에
50억을 만든

부동산 경매 고수의 현실적인 투자비결

박병주 지음

매일경제신문사

프롤로그

"돈이란 힘이고 자유며, 모든 악의 근원이기도 한 동시에
한편으로는 최대의 행복이 되기도 한다."

칼 샌드버그

칼 샌드버그는 돈에 대해 위와 같은 명언을 남겼다. 그의 작품에서 나타난 솔직함과 거침없음이 잘 표현된 명언이다. 많은 명언 중에 돈에 관해 군더더기 하나 없이 깔끔하게 정의했다. 더 이상의 설명이 필요치 않다.

과연 돈을 좋아하지 않는 사람이 있을까?

자본주의 시장경제사회에서나 사회주의 계획경제에서조차도 찾아보기 힘들 것이다. 돈은 우리에게 너무나 많은 혜택을 준다. 자아실현이라든지, 계급상승이라든지, 인간다운 삶을 제공해준다든지, 자존심을 지켜준다든지 등 사람이 살아가는 데 가장 큰 영향을 주는 요소다.

이 책은 부동산 경매를 통해 돈을 어떻게 벌어 나갈 것인가에 대해 말하고자 한다.

부동산 경매의 장점에 대해 설명하고 경매로 '돈의 자유', '시간의 자유'를 획득하는 방법에 대해 설명했다. 많은 사례자를 소개함으로 독자 여러분과 공감을 나눌 것이다. 경험자들의 사례가 여러분에게 교훈과 지식을 전달해주는 훌륭한 멘토가 되리라 믿는다. 생생한 현장의 소리를 보고, 듣고, 여러분의 피와 살이 되길 기원한다.

이 책은 초보자 위주로 집필했다. 특히 중학생이 읽어도, 칠순 노모가 읽어도 이해가 될 수 있도록 쉽게 쓰려고 노력했다. 어려운 법률용어는 되도록 사용하지 않고 생활용어로 풀었다. 어렵게 쓰지 않고 이해가 쉽게 썼다는 것이지 수준을 낮게 쓴 것은 아니니 오해하지 마시라. 경매를 처음 접하는 사람들! 특히 경매를 어렵고 위험하다고 생각하는 사람들이 교과서마냥 쉽게 소설책 읽듯이 술술 읽기를 바란다.

부동산 경매는 '어렵다. 위험하다'라는 인식이 일반적이다. 그러나 전혀 그렇지 않다. 직접 해보지 못한 사람들의 입방아와 핑계에 불과하다.

이 책을 통해 경매는 쉽고 안전하다는 사실을 알려 주고 싶다.

요즘의 경제 상황은 코로나 펜데믹, 우크라이나전쟁, 금리인상, 인플레이션 등으로 어느 때보다 어려운 시기다. 어려운 서민들의 삶은 어느 때보다도, 무엇보다도 더 재테크에 신경 쓸 수밖에 없는 시기다.

나는 소위 말하는 베이비붐, 586세대의 막내쯤 된다. 아버지는 경상남도 고성의 어촌 사람이다. 9남매 가운데 3남으로 유일하게 4년제 대학을 졸업한 엘리트다. 그러나 대학교 졸업장을 제대로 활용도 못하고 40대 후반에 파킨슨병으로 경제활동을 접고 집에만 계셨다. 어머니가 가족의 생계를 위해 시장 노점상을 했다. 우리 집은 몹시 가난하게 살았다.

대부분 가정이 가장의 역할에 따라 형편이 천차만별이다. 대학 졸업장은 아버지 본인에게 평생 멍에가 됐다. 아버지는 할아버지와 아버지 형제들로부터 "논밭 팔아 대학 졸업시켜놨더니 이게 무슨 꼴이냐?" 하는 원망을 들었고, 덩달아 우리 가족도 그 소리를 지겹게 들어야 했다. 아버지는 그 원망이 듣기 싫어서 명절에도 오랫동안 고향을 찾지 않았다.

그런 아버지께서 마침내 내 손을 잡고 고향을 방문했다. 내가 법학대학교에 입학하자 본인의 실패한 인생을 보상하리라 생각했기 때문이다. 그때는 법대에 진학하면 판검사가 되는 것으로 기대하던 시절이다. 할아버지 말씀 중에 아직도 잊을 수 없는 것이 있다. "주야, 법대 갔으니 졸업 후 면서기라도 해라! 우리 집안에는 공무원이 하나도 없다." 일제강점기를 거치며 면서기에게조차도 기를 펴지 못하고 사셨으니 그들이 대단해 보였던가 보다. 난 평생 그 말을 잊을 수가 없었고, 생활에 큰 영향을 받았다.

대학교 학비를 1학년 1학기는 어머니께, 2학기는 형으로부터 지원

받았다. 나머지 학비는 졸업할 때까지 내 손으로 해결했다. 주로 주말에는 막노동, 주중에는 아르바이트, 과외 등을 했다. 어떤 때는 학자금을 대출받은 적도 있다. 어릴 때의 가난이 너무나 싫어 졸업 후엔 돈 버는 일에 혈안이 됐다. 첫 직장 유한킴벌리에서 최연소 지사장이란 타이틀도 가졌다. 지사장은 과장, 차장들이 주로 맡는 직책이었으나 나는 대리 1년 차에 맡았다.

돈을 더 벌고 싶은 욕심에 5년 6개월 만에 그 좋은 직장을 그만뒀다. 그러고선 유한킴벌리 대리점 사장으로 새로 출발했다. 1998년은 IMF 시기였으나 돈벌이가 잘 됐다. 물건이 없어 못 팔 정도로 호황이었다. 욕심을 더 부렸다. 대리점을 그만두고 서울에서 무역업을 창업했다. 그런데 그게 화근이 돼 그 뒤로 무척 힘들게 보냈다.

우리나라에서 월드컵 축구 경기가 한창 열리던 2002년 때의 일이다. 전 재산인 현금 1,700만 원을 지니고 대구에 내려와 김밥집을 차렸다. 김밥집 이름은 '이가식김밥'이었다. 집사람의 성을 따서 상호를 정했다. 대박이 났다. "김밥 주세요~" 하는 소리가 싫을 정도로 장사가 잘됐다. 프랜차이즈로 전환해 몇 개의 가맹점도 만들었다. 그 뒤 치킨 가맹사업, 돼지국밥 가맹사업 등 사업을 확장했다. 그런데 생각보다 여의치 못했다.

그 뒤 새로운 전기를 마련하고자 공인중개사 자격증을 취득해 부동산 중개와 투자를 생업으로 삼았다. 2014년에는 어릴 적 꿈인 정치가의 길로 접어들어 대구광역시 달서구의회 의원으로 4년 봉사했다. 이때는 돈과 무관하게 보낸 시기다.

2018년부터 기초의원을 그만두고 다시 돈벌이에 나서 경매와 갭투자를 했다. 경매는 부동산을 가장 싸게 살 수도 있고 비싸게 팔 수도 있다. 돈을 많이 벌고자 하는 장사의 이치로 보면 싸게 사서 비싸게 파는 게 많은 이익을 남길 수 있다. 부동산 사업에 경매보다 더 좋은 방법이 있을 수 없다.

나는 대학교 졸업 후 사회생활한 지 30년 차다. 경제활동을 30년 했다는 얘기다. 소위 월급이란 걸 받아 본 것은 유한킴벌리에서 5년 반, 지방자치 단체 기초의원을 했을 때 4년이 전부다. 나머지 20년 동안에는 각종 사업과 자영업을 전전했다. 그 20년 중에서 부동산에 투자한 건 최근 5년이다. 그러나 부동산에 투자하기 전과 후의 자산변화는 실로 놀랍다. 15년의 경제활동 결과는 고작 5,000여만 원 정도였고, 5년간 부동산 투자의 성과는 약 50억 원에 이르렀으니 100배를 늘인 셈이다.

경매를 시작하면서 동네에서 주부를 상대로 무료 경매 강의를 했다. 반응이 생각보다 좋아 여러 곳에서 하게 됐다. 학원에서 강의 의뢰도 들어오고 정부 지원 계좌제, 개인 교습 등도 생겨 바쁜 나날을 보내고 있다. 관련 서적 출간 계약까지 하게 돼 더욱더 바쁜 나날을 보낸다. 각종 강의에 투자를 병행하고 책까지 출간하게 되니, 경매 투자 마인드가 많이 생겼다. 경매가 내 삶을 바꿨다. 의원 입후보할 때 공직자 재산신고서에 5,500만 원을 신고했는데 지금은 재산이 100여 배 많은 50여억 원에 이른다. 불과 5년 만의 일이다. 누구나 할 수 있다. 누구나 경매 투자를 할 수 있다는 것을 알리고 싶어서 이 책을 쓰게 됐다.

내가 여러분께 하고 싶은 말의 핵심 키워드는 '행동'이다.

우린 이미 다양한 지식을 알고 있다. 이미 알고 있는 지식만으로 행동한다면 우리가 바라는 성과를 올릴 수도 있다. 그런데 왜 행동하지 않는가? 그건 본인이 행동하지 않은 핑계를 찾기에 급급하기 때문이다. '난 지식이 부족해', '더 알아야 할 수 있어' 등의 이유를 대며 새로운 지식만 찾고 있는 것 아닌지 자문해 보시라. 행동이 뒷받침되지 않는 지식은 아무런 의미가 없다. '구슬이 서 말이라도 꿰어야 보배다'라는 이런 속담을 곱씹어 보길 바란다.

비록 졸필이지만 이 책이 출간되기까지 많은 사람이 수고를 아끼지 않았다. 특히 바른길로 갈 수 있도록 이끌어주신 한책협의 김태광 대표님과 출판과 편집에 힘 써주신 한성주 대표님께 감사의 말씀을 드린다. 탈고에 참여해주신 수강생 여러분, 친구들에게도 감사의 말을 드린다. 마지막으로 곁에서 모든 과정에 참여해준 내 반려자와 내 희망인 아들 찬희, 성민에게도 감사의 말을 전한다.

두류도서관에서 **박병주**

CONTENTS

3장   왕초보! 바로 써먹는 경매의 기술

4장   경매로 평생연금 받는 비법

5장   누구나 월세 받는 건물주 될 수 있다

1장

경매, 이렇게 쉬운 거였어?!

내 삶을 바꾼 경매,
너 딱이야!!

경매를 통해 부를 얻어 삶을 바꾸고 싶다면, 지속적인 경매 학습이 필요하다. 이것이 내가 책을 쓴 이유기도 하다. 이 책을 읽는 독자 여러분은 '생각이 말이 되고, 말이 행동이 되고, 행동이 습관이 되고, 습관이 성격이 되고, 성격이 운명이 돼, 당신의 삶을 결정짓는다'라는 말을 가슴에 새겨야 한다. 이제부터라도 움직여야 한다. 내가 그렇게 했듯이, 내 선배가 그렇게 했듯이….

나는 1965년에 태어나 어느덧 인생 2막을 준비하는 나이가 됐다. 난 학창시절에 어려운 가정형편으로 고학을 통해 졸업했다. 아버지는 1935년생으로 살아 계신다면 89세가 되신다. 아버지는 그 시기에 4년제 대학을 졸업하셨지만, 경제활동을 잘하진 못하셨다. 더구나 40대 후반에는 파킨슨병이 발병해 집에만 계시면서 우리 가족은 경제적으로 무척 힘들게 살았다. 난 각종 아르바이트를 하며 어렵게 대학교를 졸업은 했지만, 우리 집안을 책임지기에는 아직 어렸고 능력도 부족했던 시기다.

대학교를 졸업하고 나서 유한킴벌리 영업사원으로 입사하면서 다소 형편이 나아지기도 했다. 유한킴벌리 입사 후 최연소 지사장이라는 영예를 안기도 했다. 유한킴벌리는 좋은 직장이었지만, 돈에 대한 내 갈망을 풀기에는 역부족이었다. 그래서 직장을 그만두고 사업이라는 새로운 길로 접어들어 성과를 거두기도 했다. 그러나 대망의 2000년도에 시작한 무역업이 힘들어지면서 고생을 많이 했다. 이 시기에 나는 김밥, 국밥, 치킨 등의 가맹점 모집 사업을 했으나 여의치 않았다. 새로운 전기를 마련하고자 공인중개사 자격증을 취득해 부동산 투자의 길로 접어들게 되어 오늘에 이르렀다.

2014년, 뜻한 바가 있어 대구광역시 달서구 기초의원으로 4년간 정치에 입문해 활동한 적이 있다. 이 시기는 돈과 무관한 시기였다. 2018년부터 기초의원을 그만두고 다시 돈벌이에 나서 경매와 갭 투자를 했다. 경매는 부동산을 사는 데 가장 싸게 살 수도 있고 비싸게 팔 수도 있다. 돈을 많이 벌고자 하는 장사의 이치로 보면 싸게 사서 비싸게 파는 게 많은 이익을 남길 수 있다. 부동산 사업에 경매보다 더 좋은 방법이 있을 수 없다.

나는 대학교 졸업 후 사회생활한 지 30년 차다. 경제활동을 30년 했다는 얘기다. 소위 월급이란 걸 받아 본 것은 유한킴벌리에서 5년 반, 지방자치 단체 기초의원을 했을 때 4년이 전부다. 나머지 20년 동안에는 각종 사업과 자영업을 전전했다. 그 20년 중에서 부동산에 투자한 건 최근 5년이다. 그러나 부동산에 투자하기 전과 후의 자산변화는 실로 놀랍다. 15년의 경제활동 결과는 고작 5,000여만 원 정도였고, 5년간 부동산 투자의 성과는 약 50억 원에 이르렀으니 100배를 늘인 셈이다.

경매를 시작하면서 동네에서 주부를 상대로 무료 경매 강의를 했다. 반응이 생각보다 좋아 여러 곳에서 하게 됐다. 학원에서 강의 의뢰도 들어오고 정부 지원 계좌제, 개인 교습 등도 생겨 바쁜 나날을 보내고 있다. 관련 서적 출간 계약까지 하게 돼 더욱더 바쁜 나날을 보낸다. 각종 강의에 투자를 병행하고 책까지 출간하게 되니, 경매 투자 마인드가 많이 생겼다. 경매가 내 삶을 바꿨다. 의원 입후보할 때 공직자 재산신고서에 5,500만 원을 신고했는데 지금은 재산이 100여 배 많은 50여억 원에 이른다. 불과 5년 만의 일이다. 누구나 할 수 있다. 누구나 경매를 할 수 있다는 것을 알리는 것이 내가 이 책을 쓰게 된 이유다.

경매로 인생 역전한 고향 선배를 소개한다. 1980년대 초 남해의 자그마한 어촌 출신이 고등학교 졸업 후 상경했다. 배운 기술도 없고, 소위 빽도 학벌도 없는 시골 청년이 할 수 있는 일이 그렇게 많지 않았다. 그저 먹여주고 재워주며 음식 조리 기술을 가르쳐 주는 게 취업 조건의 전부였다. 그 선배도 음식점 배달부로 사회생활을 시작해 식당 창업까지 하게 됐다. 식당을 창업한 후 선배는 경매에 입문했으나 경매 관련 책은 한 권 정도 읽은 게 전부다. 그러나 선배는 한가한 오후 시간에 물건 검색할 때는 본인만의 분명한 기준이 있었다.

그 기준은 남들이 보지 않는 땅만을 고르는 것이다. 남들이 보기엔 '저런 땅도 땅인가?'라고 오해할 정도의 땅만 본다. 그래서 유찰을 거듭해 감정가의 10~20%로 낙찰받을 때까지 기다린다. 처음에는 투자할 돈이 워낙 소액이라 그렇게 하게 된 것인데, 그 땅들이 개발로 이어지니 대박이 났다. 투자지역도 서울과 경기도다. 지방에는 광역시만 투자한다. 즉, 대도시 주위에 앞으로 개발 예상 지역에 포인트를 두고 저가로 구매해 장기 보유하고 기다리는 전략이다. 확고한 투자원칙을 지킨 전략과 전술로, 300억 원대 부자가 돼 서울에서 잘살고 있다. 경매로 인생 역전한 것이다. 선배의 전략은 지금도 유용하다. 여러분도 충분히 가능한 일이다

성공을 꿈꾸는가? 현재의 삶을 바꾸고 싶은가?
'어떤 분야에서든 성공을 위한 최소한의 요구조건이 있다면,
그것은 바로 지속적인 학습이다.'

데니스 웨이틀리

내가 경매 책을 읽으며 끝없이 공부하는 이유는 돈을 벌기 위함이다. 거기에는 지속적인 학습이 필요하다. 지속적인 학습이 최고의 조건이다. 이 책이 여러분의 경매 지식에 대한 갈증을 풀어주리라 확신한다.

캠핑카 여행도 하고
임장도 하고

사람들은 여러 가지 로망을 꿈꾸며 살아간다. 그중 남자들의 로망은 자동차, 시계, 바이크, 요트, 전원생활 등 여러 가지가 있지만, 로망 중의 하나인 '캠핑카'를 빼놓을 수 없을 것 같다. 나 또한 캠핑카가 로망이었다. 전국을 누비며 부동산 임장도 하고 취미활동인 캠핑도 할 수 있는 캠핑카를 가지고 싶었다. 그렇게 간직하던 꿈을 지난 2019년 11월에 이룰 수 있었다. 나는 캠핑카를 내 버킷리스트 상위에 적어 놓았었다. 매년 새해 다짐으로 '올해는 캠핑카를 장만해야지~' 하고 다짐하면서 보낸 세월이 어언 10여 년이 지난 2019년 말 즈음에 이르러서야 꿈에 그리던 캠핑카를 장만하게 된 것이다.

화물차를 캠핑카로 튜닝하는 것은 불법으로 규정돼 있었다. 그런데 2020년부터 합법으로 규제를 완화했고, 이때를 틈타서 2019년 말에 스타렉스 3밴을 구입해 캠핑카로 2020년에 구조 변경했다. 캠핑카를 타고 다니며 전국의 부동산을 구입해 부동산 임대사업을 하는 게 꿈이었다. 지금 전국에 내 소유의 부동산이 곳곳에 있어 일부 꿈을 이룬 셈이다.

캠핑카를 구입하기로 결정하면서 어떤 차종으로 할까 고민을 많이 했다. 처음에는 1톤 화물차 베이스의 캠핑카 위주로 알아봤다. 그러나 지하주차장 출입 문제와 너무 캠핑카스럽다는 점에서 후보에서 제외했다. 다음으로 검토한 대상이 25인승 버스를 기반으로 한 캠핑카였다. 이 또한 덩치가 너무 커서 지하주차장 출입을 못 하고 업무용으로도 부적합했다. 캠핑 용도로는 더할 나위 없이 좋았지만, 업무용으로는 부적합했다. 특히, 도심에서 기동력과 주차문제로 탈락시켰다. 최종적으로 결정한 것이 스타렉스 기반의 캠핑카였다. 이 또한 완벽하지 않았지만, 우리가 추구하는 캠핑과 임장의 효율성, 도시에서의 기동성, 업무용으로서의 데일리카, 지하주차장 출입 등의 조건을 충족했기에 주저 없이 결정했다.

스타렉스지만 냉장고, TV, 전자렌지, 환풍기(맥스팬), 무시동 히터, 500A 전기, 태양광전기, 노래방기기, 노트북, 드론 등을 갖추고 있다. 이 스타렉스를 타고 전국 어디든지 임장 다니고 캠핑도 같이하고 있다. 풀옵션으로 사용하는 데 불편함은 없다. 부부 둘만의 캠핑카로는 최적이라 생각한다. 캠핑카에는 모든 시설이 갖춰져 있고 식재료도 풍부하게 저장돼 있어 우리 부부는 언제든지 어느 곳이든 가고자 하면 갈 수 있다. 먼 거리로 임상 가는 데 주서함이 없다. 특히 우리는 바닷가 임장을 좋아한다. 임장 후 바다낚시를 할 수 있기 때문이다. 해산물의 맛도 있지만, 바다에서의 하룻밤은 새로운 활력을 불어넣는다. 임장 시 필요한 드론자격증도 취득했고, 영상편집도 배워서 틈틈이 활용하고 있다. 우리의 캠핑카는 말 그대로 움직이는 사무실이고 집인 셈이다. 우리 부부 미래의 꿈은 여기서 더 나아가 캠핑카로 세계 일주를 하는 게 새로운 꿈이다. 빨리 그날이 오기를 기대한다.

캠핑카로 임장을 다니면 어떤 점이 좋을까? 여러 가지 장점이 있다. 가장 먼저 숙박의 자유로움을 들 수 있다. 도심이든 바닷가든, 산과 들, 강가 어디든 자유롭게 숙박할 수 있다. 동해의 일출과 서해의 낙조를 언제든 볼 수 있다. 청량한 공기를 체험할 수 있는 산에서, 시원한 계곡 등에서, 때로는 화려한 도시의 야경을 벗 삼아서 숙박할 수도 있다. 전국의 산과 바다가 내 집인 셈이다.

다음으로 식사의 자유로움을 들 수 있다. 전국의 맛집 투어를 할 수도 있거니와 어디에서든 차를 세우면 내 주방이 되는 장점도 있다. 남해를 바라보며 삼겹살에 소주 한잔 먹으며 하루의 피로를 잊기도 하고, 서해안의 낙조를 보며 조개구이로 회포를 풀기도 한다. 이렇듯 언제든지, 어디든지 떠날 수 있는 자유로움이 무엇보다도 좋다. 임장지가 어디든 나는 숙박을 기본으로 하며 그 지역 대표 먹거리로 저녁을 먹으며 소주 한잔으로 피로를 푼다. 그 행복함이란 말로 표현하기 어려울 정도다.

또 한 가지의 장점은 캠핑지에서 그 지역의 사람들과 친해질 수 있는 계기가 마련된다는 점이다. 그러면 목적 부동산의 정보를 얻기에도 수월하고 또 다른 물건을 소개받기도 한다. 그렇게 친해진 분들이 전국 각지에 여러 명 계신다. 특히 그중에서도 경북 성주의 무흘계곡에 계시는 이장님이 인상 깊게 내 마음속에 자리 잡고 있다. 무흘계곡 임장을 마치고 하루 숙박을 하던 차에 캠핑지에서 이런저런 얘기를 하다 임장 왔다고 했더니 그 지역의 이장님을 소개해줬다. 그 뒤로 이장님과 친분을 유지하며 호형호제하는 사이로 발전했다. 아직도 좋은 물건이 나오면 이장님은 내게 전화를 해주고 계신다.

전라남도 고흥군의 촌장님 또한 잊을 수 없다. 그 지역에서 소개받은 한 분이셨는데, 그분은 섬 하나를 생태 보물섬으로 만들고 있었다. 본인을 촌장이라고 스스로 소개하신 그분은 그 지역에서 유지로 통하는 분이셨다. 고흥 여기저기를 손수 안내하시면서 맛있는 장어탕을 소개해주고 우리를 대접해주셨다. 바닷가의 이름 모를 나뭇잎을 따서 선물로도 주셨다. 그 나뭇잎을 말려서 베개에 넣고 자면 숙면에 탁월한 효능이 있다고 하셨다.

고흥에 오게 되면 차라도 꼭 한잔하고 가라며 명함을 주신 분도 기억이 난다. 충청도 서해안의 작은 해수욕장의 낙조를 바라보다 만난 부부도 생각이 난다. 낚시 보트를 가지고 낚시하던 부부였는데, 그들은 내 캠핑카를 부러워했다. 난 반대로 그들이 가진 낚시 보트가 부러웠다.

거제 바닷가의 자그마한 부둣가에서, 안동 청량산 기슭의 정상에서 하룻밤, 성남 모란시장 주차장에서 하룻밤 등. 전국 각지에서 지낸 여러 날을 잊을 수가 없다. 그날들은 내게 전국의 지인들을 선물해줬다. 전국의 지인들은 내가 부동산의 정보를 현지인에게 들을 좋은 기회를 제공해준다. 전국의 많은 물건을 임장 가지 않아도 전화로만 해결할 수 있는 곳도 여러 곳 생겼다. 평소 캠핑카로 임장하며 현지인들과 유대강화를 한 결과다.

부동산에서 임장의 중요성은 몇 번을 강조해도 지나치지 않는다. 임장의 목적은 정보의 확인과 새로운 정보의 취득에 있다. 정보의 확인은 현지인들의 확인이 필요하며, 이 과정에서 현지인의 역할은 참으로 크다. 특히, 새로운 정보의 취득에서 현지인의 역할은 절대적이다. 이런 이유로 현지인과의 유대강화는 무엇보다 중요하다. 친해지기 쉬운 방법은 현지인과 식사 한 끼다. 그런 의미에서 캠핑카로 임장하는 것은 많은 장점이 있다.

인천으로 경매 임장을 갔는데 현지인이 급매물을 소개해줘서 부동산을 싸게 구입한 경우가 있다. 처음에는 재개발이 가능할 것 같은 빌라를 보러 갔다. 오후에 임장을 마치고 영종도의 선녀바위해수욕장에서 차박을 했다. 2020년 10월 초순이라 캠핑하기 좋은 계절이었다. 평일이라 사람들은 많지 않고 한적하고 여유로웠다. 그중 한 부부와 자연스럽게 어울리게 됐는데 40대 후반의 부부였다. 남자는 직장생활을 했고 여자는 부동산 사무실에 다니는 사람이었다. 부동산이 공통의 대화 주제가 돼 많은 얘기를 하면서 우리가 인천에 오게 된 목적과 차박의 경위 등을 설명했다. 그러자 여자분이 급매물을 소개해줄 테니 내일 한번 보고 가라고 해서 부동산을 쉽게 구입했다. 그 부동산은 인천시 부평구 주안동의 저층 아파트였다. 매수 8,500만 원, 전세 8,200만 원으로 실투자금 300만 원에 득템한 케이스다. 이 구역은 현재 재개발을 추진 중이다. 향후 시세차익이 예상된다.

경매 임장 때 새로운 정보로 응찰하지 않은 적도 있다. 경남 고성군 삼산면의 바닷가 주택에 임장 갔을 때다. 우리 부부는 바닷가 1선에 있는 아담한 촌집에 관심이 있었다. 저자의 고향이기도 해서 더욱더 관심이 갔었다. 대지 100여 평에 건평 20여 평 되는 아주 아담한 집이었다.

경매가는 3,300만 원으로, 지분 2분의 1의 경매 물건이었다. 1차 유찰이 예상됐지만, 고향이기도 하고 금액이 적어 임장 갔었고, 집 상태는 양호했다. 임장 후, 보리섬이 보이는 어느 선착장에서 차박을 하다가 그 마을의 이장님으로부터 그 경매 물건의 정보를 들을 수 있었다. 부모로부터 상속받은 집이었는데 형제 두 명이 지분 50%씩 나눠 가졌다는 얘기와 동생이 사업하다 망한 얘기, 형이 부자라서 형이 낙찰받을 거라는 등의 이야기를 세세하게 듣게 됐다. 공유자 우선매수권을 행사한다는 사실을 알았기에 난 응찰하지 않았고 결국 이 물건은 공유자 우선매수권을 행사해 형이 낙찰받아갔다. 고향 사람이라 스스럼없이 얘기해주시기도 했고 삼겹살에 소주 한잔 드시더니 더 많은 얘기를 해주셨다. 그 이후에도 자주 연락하며 많은 정보를 받는 사이가 됐다. 이렇듯 전국 가지의 여러 사람과 유대강화를 할 수 있었던 것은 타지에서 하루 숙박하며 음식을 나눴기에 가능한 일이었다. 이 모든 것은 캠핑카가 있기에 이룰 수 있는 일이있다. 여러분도 캠핑카 여행을 하며 임장 활동하는 꿈을 가져 보시라.

5천만 원으로 5년 만에 50억을 만든
부동산 경매 고수의 현실적인 투자 비결

경매 무서울 게
하나도 없다

여러분은 경매가 무서운가? 왜 무섭게 느껴질까? 실체를 정확히는 알고 무섭다고 생각하는가? 경매의 실체를 정확히 안다면 무서울 게 하나도 없다. 무섭다고 느낀다면 돈을 잃을까 봐 걱정하는 데서 오는 무서움일 것이다. 일반적으로 '경매는 어렵다', '위험하다', '돈이 많아야 한다'라고 생각한다.

첫째로 '경매가 어렵다'라고 느끼는 것은 배우지 않아서다. 즉, 이것은 경매를 제대로 배우면 해결된다는 의미다. 경매 공부가 어렵다고 느끼는 것은 공부하면서 발생하는 법률용어에 대한 정의를 정확히 이해하지 못했기 때문이다. 법률용어의 정의를 무조건 외우고 여러 차례 읽어서 이해해야 한다. 일단 용어의 정의를 암기하고 이해되면 경매가 훨씬 쉬워질 것이다.

둘째로 '위험하다'라는 것은 부주의해서 위험하다고 이해하면 된다.

'위험하다'의 문제는 체크리스트를 통해 꼼꼼히 살피면 문제가 없다. 위의 두 가지 문제는 돈을 잃을까 봐 걱정하는 것이다. 걱정만 하고 있으면 언제 돈을 벌 수 있을까? 돈을 벌겠다는 확고한 의지가 있으면 해결 방법은 우리 주위에 많이 있다. 이 책을 통해서 경매의 어렵고 위험한 문제를 해결하기 바란다.

또한, 사람들은 돈이 많아야 경매를 할 수 있다고 생각한다. 하지만 돈이 없어도 경매를 할 수 있다. 소자본으로 경매를 통해 부자가 된 사람은 부지기수다. 500만 원으로 경매 투자를 시작한 사람, 1,000만 원으로 경매 투자를 시작한 사람, 2,000만 원으로 경매 투자를 시작한 사람 등 향후 본문의 다양한 사례를 통해 확인할 수 있다. 기대해도 좋다.

나는 2006년 공인중개사 자격증을 취득한 후에 공인중개사 사무실을 운영했다. 초창기에는 마트 중개 업무를 주로 했다. 첫 직장이 유한킴벌리 영업사원으로 출발해 5년 만에 대구 경북 지사장을 끝으로 퇴사하고 유한킴벌리 대리점을 운영하기도 했다. 이러한 경험으로 마트에 대해서는 누구보다 잘 알고 있던 터라 자연스럽게 마트 중개와 마트 컨설팅이 공인중개사 사무소의 주업이 됐다. 대형마트의 상권을 다 알고 있어서 상권과 입지분석을 누구보다도 잘할 수 있었다. 한때는 '상권과 입지'라는 과목으로 대학교의 평생교육원, 소상공인 창업학교, 교도소의 재소자들을 대상으로 창업 강의를 하기도 했다. 더불어 그 시기에 소상공인지도사 1급 자격증도 취득하게 됐다.

2018년 대구광역시 달서구의회 의원을 그만두고 본격적으로 재테크에 관심을 가졌다. 부동산 공인중개사 자격증 활용도 할 겸 부동산 재테크에 관한 공부와 투자를 했다. 많은 부동산 투자 방법이 있지만, 난 그중 경매 투자와 갭 투자를 했다. 갭 투자 공부는 전국적으로 유명 강사의 강의를 들으며 배우기 시작했다. 유명 강사들의 강의를 통해서 많이 배웠고, 강의에서 만난 사람들과 지속적인 교류, 스터디그룹, 단톡방 등으로 배움을 이어 나갔다. 서울, 인천, 대전, 광주, 울산, 부산 등 전국을 임장 다니며 강의로 배운 이론을 현장에서 확인하면서 실력을 넓혀 나갔다. 공부를 통해 터득한 것은 부동산을 매수하는 데 있어서 경매를 통한 방법보다 싸게 매수할 방법은 없다는 사실이다. 그래서 경매 공부를 했고, 다수의 경매 실전 경험을 토대로 수강생들에게 강의했다. 그랬더니 어느덧 경매 전문가로 거듭나게 됐다. 처음에는 무료강의로 실력을 키워나갔고 현재는 평생교육원과 개인 과외로 계속 실력 향상에 노력 중이다. 경매를 접한 게 공인중개사 자격증 때문이지만, 자격증만으로는 경매를 알 수가 없었던 게 사실이다. 책을 통한 공부와 실전경험을 통해 지식을 향상한 것이다.

내게 강의를 듣는 수강생 중에 50대 후반 주부가 있다. 이분은 독실한 가톨릭 신자다. 바른 신앙생활로 정숙한 이미지와 똑똑한 언변 등으로 성당 신자로부터 신망이 두터운 분인데 내게 경매를 배우러 오신 것이다. 용어도 모르고 경매 절차나 명도 등 모르는 것투성이였다. 경매 강의가 5주 정도 지나자 그 50대 주부는 낙찰을 받고 싶다며 상담을 요청했다. 내가 깜짝 놀라 어떻게 물건을 찾았냐고 물었더니 수업 후 집에 가서 복습하며 물건 검색을 했다고 했다. 수업 후에 간간이 질문했고, 본인이 낙찰받을 물건에 대해 질문을 더 구체적으로 해왔다. 그분이 관심을 둔 부동산은 그분이 사는 동네의 물건이었다. 동네 물건이라 잘 알고 있다고는 해도 경매 공부한 지 5주 만에 낙찰이라니 실로 놀라운 실행력이었다.

그분은 빌라 30평형대의 물건을 6,700만 원에 낙찰받고 대출 4,000만 원에 자기 자본 2,700만 원으로 3년 거주했다. 이후 재건축에 해당해서 2억 원을 보상받았고, 현재는 60여 평 대지에 정원을 갖추고 10억 원의 집에 살고 있다. 그런데도 아직 경매 공부에 여념이 없다. 불과 3년 전의 일이다. 이론은 조금 부족하더라도 실전 투자를 통해 지식을 터득한 훌륭한 사례라 할 수 있다. 책상에서 공부만 한다고 되는 것은 아무것도 없다. 밖으로 나가 움직이면서 부족한 공부는 실전에서 배워야 한다.

대체로 사람들은 권리분석 방법과 관련 법규를 정확히 몰라서 돈을 잃게 될 것 같다고 걱정한다. 또 경매 매물에 사는 사람을 내보내는 과정에서 신체적 혹은 정신적 위협이 발생할 것 같다고 걱정하기도 한다. 요즘은 웬만한 권리분석은 유료 경매 사이트에서 해주고 있다. 주의사항, 말소기준권리, 물건명세서, 감정평가서 등을 통해 권리분석을 한다. 물론 유료 경매 사이트에서 해주는 권리분석을 100% 신뢰하는 것은 위험한 일이다. 대부분의 유료 경매사이트의 분석은 신뢰할 수 있지만, 유료 경매 사이트에서 분석한 자료가 법적인 책임까지 지는 것 아니기에 자신이 철저한 검증 절차를 거쳐서 확인 작업을 해야 한다.

5천만 원으로 5년 만에 50억을 만든
부동산 경매 고수의 현실적인 투자 비결

또한, 경매 법원에서도 낙찰자 위주의 제도를 많이 시행한 덕에 명도도 빨리 수월하게 진행되고 있다. 명도에 대해서는 뒷장에서 자세히 다루기로 하겠다. 그래도 무서운가? 이제는 무서움이 사라졌을 것이라 기대해본다.

독자 여러분에게 위험한 요소를 해소하기 위한 체크리스트 양식을 아래와 같이 제공한다. 체크리스트를 성실하게 채워나간다면, 여러분의 무서움은 기대감으로 채울 수 있을 것이다.

경매가 두려운가? 경매는 돈 버는 재미있는 놀이에 불과하다. 세상은 내가 생각하는 대로 이뤄진다. 내가 어렵다고 생각하면 어려운 것이다. 하지만 알고 나면 어렵지 않다. 공부하고 연구하고 발을 움직여라. 그럼 우리의 바람은 바람으로 끝나는 게 아니라 소득이란 결실로 돌아올 것이다.

모든 것이 그렇듯, 알고 나면 어려울 게 없는 것이 세상사다. 경매를 공부하기 전에 나도 여러분과 같이 '경매는 어렵고, 위험하고, 돈 많은 부자만 하는 것'이라고 생각했다. 그런데 알고 나니 아무것도 아니다. 실행하지 않고, 공부하지 않고, 노력하지 않고, 그저 부자가 되기를 희망하며 걱정만 할 것인가? 무엇이 두려운가? 공부가 두려운가? 아닐 것이다. 실행이 두렵고 어려운 것일 뿐이다. 자, 이제 자리에서 일어나 걷고 뛰어라! 움직여라! 우리가 움직인다고 세상이 무너질 일이 없다. 실행만 하면 우리에겐 돈이 들어온다. 돈 벌러 가자!

부동산 임장 체크리스트

		(날짜 :　　　　　　　)평점	
기본정보	주소		
	건축연도	대지 및 건평	도로
	주차장	방향	불법건축물
건물상태	창호	채광	균열
	누수	곰팡이	난방유형
입지조건	교통	학교	학원
	백화점	마트	시장
	공원	병원	연령대별 거주적합성
	유해시설	직주근접	
시세조사	부동산 디스코, 밸류맵, 국토부 실거래가, 네이버 부동산, KB시세, 아실, 호갱노노		
	시세	주변시세	
	중개업소(매매, 전세, 월세)		
	시세	주변시세	
	중개업소(매매, 전세, 월세)		
	전기, 가스계량기(빈집 확인), 우편 수취(빈집 확인), 관리비, 공과금 연체 현황		
	호재		
	낙찰예상가	인수되는 권리	
대출	은행	금액	
매도	예상금액	예상수익	
기타 특이사항			

경매 진행 절차는
알고 덤비자!

채권자가 채무자에게 채무의 변제를 요구했을 때 채무자가 이에 응하지 않으면 마지막으로 행하는 수단이 경매다. 임의경매든 강제경매든 경매 절차에서 특별히 다른 점은 없다. 채무자의 재산을 매각하고 나눠주는 과정이기 때문이다. 경매는 채권자의 신청으로 시작해 배당 절차 종결로 끝나게 된다.

경매는 대략 3단계로 이뤄져 있다. 첫째는 부동산을 압류하고 매각을 위해 준비하는 과정이며, 둘째는 매각가를 정하고 입찰을 실시해 매각을 허가하는 것이다. 셋째는 잔금 납부를 하고 배당을 해서 후속 조치로 인도명령과 강제집행을 하면 모든 절차가 마무리된다.

경매 신청 - 배당까지 보통 6개월 정도 소요

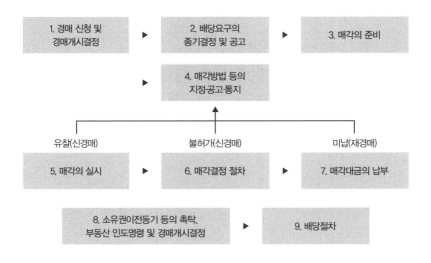

각 과정의 세부사항은 다음과 같다.

1. 경매 신청 및 경매개시결정	채권자가 경매 신청을 하면 법원은 경매개시결정을 해서 매각할 부동산을 압류하고 관할등기소에 경매개시결정의 기입등기를 촉탁해서 경매개시결정 사실을 등기기록에 기입하도록 한다. 법원은 경매개시결정 정본을 채무자에게 송달한다.
2. 배당요구의 종기결정 및 공고	매각할 부동산이 압류되면, 집행법원은 채권자들이 배당요구를 할 수 있는 기간을 첫 매각기일 이전으로 정한다. 법원은 경매개시결정에 따른 압류의 효력이 생긴 때부터 1주일 안에 경매개시결정을 한 취지와 배당요구의 종기를 법원 경매 정보 홈페이지의 법원 경매 공고란 또는 법원 게시판에 게시하는 방법으로 공고한다.
3. 매각의 준비	법원은 집행관에게 매각할 부동산의 현상, 점유관계, 차임 또는 보증금의 액수, 기타 현황에 관해 조사를 명하고, 감정인에게 매각할 부동산을 평가하게 한다. 법원은 감정인의 평가액을 참작해 최저매각가격을 정한다.

5천만 원으로 5년 만에 50억을 만든
부동산 경매 고수의 현실적인 투자 비결

4. 매각방법 등의 지정·공고·통지	매각방법으로는 ①매수신청인이 매각기일에 매각장소에서 입찰표를 제출하는 기일입찰 방법과 ②매수신청인이 지정된 입찰기간 안에 직접 또는 우편으로 입찰표를 제출하는 기간입찰 방법이 있다. 법원은 두 방법 가운데 하나를 선택하고 매각기일 등을 지정해 통지, 공고한다.
5. 매각의 실시	기일입찰의 경우, 집행관이 미리 지정된 매각기일에 매각장소에서 입찰을 실시해 최고가매수신고인과 차순위매수신고인을 정한다. 기간입찰의 경우, 집행관이 입찰기간 동안 입찰봉투를 접수해 보관하다가 매각기일에 입찰봉투를 개봉해 최고가매수신고인과 차순위매수신고인을 정한다. 기일입찰과 달리 매각기일에는 입찰을 실시하지 않는다.
6. 매각결정 절차	법원은 지정된 매각결정기일에 이해관계인의 의견을 들은 후 매각허가 여부를 결정한다. 매각허가 여부의 결정에 불복하는 이해관계인은 즉시 항고를 할 수 있다.
7. 매각대금의 납부	매각허가결정이 확정되면 법원은 매각대금의 지급기한을 정해 매수인에게 매각대금의 납부를 명한다. 매수인은 지정된 지급기한 안에는 언제든지 매각대금을 납부할 수 있다. 매수인이 지정된 지급기한까지 매각대금을 모두 납부하지 아니하면, 법원은 차순위매수신고인이 있는 때에는 그에 대해 매각을 허가할 것인지 여부를 결정하고 차순위매수신고인이 없는 때에는 재매각을 명한다.
8. 소유권이전등기 등의 촉탁, 부동산 인도명령	매수인은 대금을 모두 납부하면 부동산의 소유권을 취득한다. 법원은 매수인이 필요한 서류를 제출하면 관할등기소에 매수인 명의의 소유권이전등기, 매수인이 인수하지 아니하는 부동산에 관한 부담의 말소등기를 촉탁하게 된다. 매수인은 대금을 모두 납부한 후에는 부동산의 인도명령을 신청할 수 있다.
9. 배당절차	매수인이 매각대금을 모두 납부하면 법원은 배당기일을 정하고 이해관계인과 배당을 요구한 채권자에게 그 기일을 통지해 배당을 실시하게 된다.

대법원 https://www.courtauction.go.kr/ 참조

지금 너무 늦은 것 아닌지
걱정하는 당신

'언제 하면 좋을까? 하긴 해야 하는데…. 근데 지금은 너무 늦은 것 아닐까?' 대다수 사람은 새로운 일을 시도할 때 이렇게 고민한다. 경매 투자도 마찬가지다. '경매 투자로 돈을 벌고 싶은데 너무 늦은 것 아닌가? 이미 다른 사람들이 경매 시장에서 돈을 다 벌어간 것 같은데…. 난 괜히 들러리 서는 것 아닌가? 특히 요즘 부동산 경기가 너무 나빠서 거래 절벽에 하락기라던데 어쩌지?' 온갖 핑계를 다 대며 주저하고 있는 대다수 사람들 속에서 당신의 모습을 발견할 수 있는가? 그렇다면 탈출하라. 결론부터 말하면 부동산 경매 투자에 지금이 가장 적기이며 당신 인생 최대의 기회다.

'늦었다고 생각할 때가 가장 빠르다'라는 속담이 있다. 이 속담의 의미는 무엇일까? 늦었다고 생각될 때가 가장 빠른 때일까? 아니면 늦은 것은 그냥 늦은 때일까? 각자의 상황과 판단 주체인 사람의 성향에 따라 달라질 수 있다고 생각한다. 객관적인 사실만을 놓고 본다면, 상황을 빠르게 인식하는 사람이 늦었다고 판단하는 건 사실 빠른 편에 속한 경우가 많고, 그렇지 못한 대부분의 사람이 늦었다고 판단하면 대부분은 실제로 늦은 경우가 더 많다고 생각한다. 저 속담이 우리에게 말하고자 하는 교훈은 늦었다고 생각해서 아무것도 안 하는 것보다는 일단 뭐라도 하는 게 보통 더 도움이 될 수 있으니 늦었다고 포기하지 말라는 뜻이다. 일단 시도를 할 수 있게 일종의 '용기'를 주는 의도가 있는 표현이라고 생각한다.

'왜? 지금이 인생 최대의 기회라고? 저 말이 진실이라고? 미친 것 아니야? 서울 강남이 30% 하락했다는 뉴스도 안 보나?' 당신은 분명 이렇게 의문을 가질 것이다. 당연한 부동산 투자 하수의 의문이다. 지금 하락기인 것, 인정한다. 그럼 당신은 상승기 때 매수해야 한다는 건가? 당연히 하락기 때 매수 후 상승 시기를 노리고 기다려야 한다. 그래도 불안하다 생각한다면 과거 IMF 시기나 리먼브라더스 금융위기 때를 떠올려 보기 바란다.

1997년 한국 IMF 외환위기와 현재 코로나로 전 세계가 처한 경기 침체 분위기는 원인은 다르지만, 현상은 비슷하다. 역사의 패턴은 반복되지만, 예전과 달리 속도가 빨라지고 있다. 한국 최악의 경제 위기였던 IMF 때 많은 기업과 개인들이 파산해 경제가 부도 나는 위기 상황에서도 부동산에 투자한 사람들은 큰돈을 벌고 부자가 됐다. 공포심으로 멈춰진 투자 심리와 회수된 자본은 결국 돌아오게 됐다.

데자뷔 같은 현재 상황의 시발점은 한국뿐 아니라 전 세계가 코로

나에 대처하는 방안에서 시작됐다. 돈을 많이 푼 양적 완화 정책으로 자연스레 물가가 오르는 인플레이션 시대에 접어들게 된 것이다. 코로나가 잦아들 때쯤 발발한 우크라이나 전쟁이 장기화되고, 중국에서 제로 코로나 정책으로 전 세계 컨테이너 물동량 1위의 상하이를 66일간 봉쇄해 글로벌 공급망 문제까지 불거졌다. 미국은 물가 상승률이 9%로 치솟고 한국도 올 하반기 물가 상승률이 6%로 예견되며, 인플레이션과 스태그플레이션(물가상승률 〉 경제성장률)을 넘어 경기 침체에 이르렀다는 우려가 팽배해진 상황이다. 화폐가치가 떨어지고 물가가 상승하는 인플레이션 시기에 가장 안전한 투자처는 실물자산이다. 그리고 실물자산 중 가장 안전한 투자처는 바로 부동산이다.

IMF 시기에 경매 투자로 성공한 후배 C의 투자 성공사례를 소개하겠다. C는 광역시 소재 역세권이지만 주택밀집지역 내 상가주택 1층에 육가공 공장을 가내공업으로 하고 있었다. 보증금 5,000만 원에 월세 150만 원으로 임차해 영업하고 있었다. IMF로 집주인의 사업이 어려워지자 경매가 진행됐다. 대지 85평에 3층 건물이었다. 감정가 5억 원이었으나 1회 유찰 후 C가 4억 원에 낙찰받았다. C는 육가공 공장을 했기에 대형 냉장고를 설치되어 있어서 이사하기 어려운 실정도 있었는데, 그 집은 시세가 10억 원을 호가하는 물건이었던지라 낙찰받게 됐다. 주위에서는 만류했지만, 본인이 잘 아는 곳이기에 확신이 있었다. C는 낙찰받고는 2층과 3층은 주택으로 전세 2억 3,000만 원에 임대했다. 잔액 1억 2,000만 원은 은행 대출로 해결했다. 은행 이자를 주고도 30만 원 절약 효과를 본 것이다. 현재 그 건물의 시세는 22억 원

5천만 원으로 5년 만에 50억을 만든
부동산 경매 고수의 현실적인 투자 비결

을 호가한다. IMF 경제 위기에 다들 부도로 넘어지고 경매 시장은 끝났다고 말했다. 경매 물건이 이렇게나 넘쳐 흐르는데 수익이 날 수 있겠느냐고도 반문했다. 부동산이 하루가 다르게 하락하고 있는데 괜찮겠냐 등 이런 시기에 새로운 부동산을 매수한다는 게 미친 짓이라며 주위 여러 사람의 만류도 있었다. 그런데도 C는 과감한 투자로 성공했다.

'부동산 시장 분위기가 이런데 지금 낙찰받아도 문제가 없을까?', '더 내려가서 돈을 잃지는 않을까? 너무 늦은 건 아닌가?' 걱정이 태산일 수 있다. 하지만 실행력이 결과를 좌우했다. 두려움이 있었고, 신중해야겠다는 생각도 했지만, 과감하게 낙찰받은 것이다. 그렇지 않으면 지금과 달라지는 것은 아무것도 없다. 몇 년의 시간이 흐른 뒤, C는 어떻게 됐을까? 첫 투자 성공 후 부동산 투자의 매력을 느껴 공부를 계속했고, 경매 투자나 갭 투자 등으로 지금은 70억 원의 자산가가 됐다.

우리는 살면서 "이번엔 너무 늦었어!"라는 이야기를 자주 한다. 학창 시절 공부할 때도 그랬고, 업무적인 일에서나 일상생활에서도 마찬가지다. 그런데, 정말로 늦은 걸까? 실제로 기한이 지나버린 경우도 있겠지만, 대부분은 자기 자신과의 타협을 정당화시키는 데 기한을 끌어들이는 경우가 많다.

돌이켜보면 실제로 너무 늦은 적은 거의 없고, 대부분은 기한을 핑계로 도전을 회피한 경우가 많다. 처음 하는 일이어서 두렵기도 하고, 해낼 자신이 없거나, 다른 일로 나름 바쁜데 더 바빠지고 싶지 않거나, 또는 하기 싫고 귀찮다는 것을 우회적으로 표현한 경우가 많은 것 같다. 반대로 '늦었다고 생각할 때가 가장 빠른 때'라는 생각으로 새로운 기회에 과감하게 도전한 경우는 대부분 좋은 성과를 얻었다.

너무 늦었다는 것은 내게 기회가 왔는데 준비가 안 돼 있어서 기회를 잡을 수가 없다는 의미다. 그렇다면 다음번에 다시 같은 기회가 온다면 그 기회를 잡을 수 있을까? 다음번 기회가 왔을 때는 준비돼 있을까? 경험상으로 보면, 너무 늦었다고 생각해 그냥 넘기는 경우, 다음번 기회가 왔을 때도 똑같은 상황일 확률이 십중팔구다.

우리에게 기회는 왔다. 여러분도 기회라고 생각하는가? 기회라고 인식된다면 절반의 성공이다. 기회라고 여겨진다면 준비는 어떤가? 기회를 잡고 부자가 될 준비가 돼 있는가? 지금부터 우리가 가장 먼저 해야 할 일은 공부다. 여러분이 이 책을 읽는 이유이기도 하다. 공부에는 왕도가 없어 여러 가지 방법으로 경매 공부를 할 수 있다. 이 책을 통해서 발견하길 바란다. 경매 공부에는 왕도가 없다고 하지만, 왕도가 분명히 있다. 실력을 바탕으로 한 실행력이 바로 왕도다. 아무리 많은 지식을 쌓아도 실행하지 않으면 아무 소용이 없다. 실행력은 아무리 강조해도 지나치지 않는다.

잘못 들어선 길, 잘못된 만남, 잘못 놓친 기회들, 수없이 많은 잘못된 순간들을 우리는 그냥 덮고 여기까지 온 게 아닐까? 좀 더 일찍 돌아갔더라면, 좀 더 일찍 해결하고 왔다면 지금 더 홀가분한 삶을 살고 있지 않을까? 알아차린 바로 지금 이 시점이 가장 빠른 때일 수도 있다. 우리의 자산 기준에 맞춰서, 무리하지 않는 범위 내에서 천천히 정부의 정책을 예의주시하면서 스스로 확신이 섰다면, 이제 투자할 준비가 된 것이다.

지금이 부동산 하락기의 시작이라고 확신한다면, 2022년 말부터 2024년 하반기까지가 부동산 경매 투자의 적기가 아닐까 생각해본다. 우리는 지난 부동산 하락기 때의 경험을 알고 있기 때문이다. 지금이 어느 때보다도 골이 깊다. 언론 보도를 통해서 여러분이 늘 접하는 소식이다. 그러니 기회가 온 것이다.

인간은 본능적으로 현재에 만족하지 못한다. 과거와 비교하며 현재를 깎아내린다. 과거에는 좋았고, 지금은 늦었다고 말한다. 하지만 다시 10년이 지나서 2032년엔 2022년이 좋았다고 말할 것이다. 주저하지 말고, 망설이지 말고, 늦었다 생각하지 말고, 지금부터라도 확실한 내 목표를 세우고 도전해보기 바란다. 주인공이 될 기회다.

돈 없는 사람이 오히려
경매로 성공하기 쉽다

'돈 없는 사람이 오히려 경매로 성공하기 쉽다.'

도대체 이게 무슨 말인가? 우리는 그동안 여러 가지의 경험을 통해서 돈이 많아야 돈을 번다고 알고 있었다. '돈이 돈을 번다'라는 말은 만고불변의 진리다. 그런데 돈 없는 사람이 오히려 경매로 성공하기 쉽다고? 이 말은 일정 부분은 맞고 일정 부분은 틀린 말이다. 이 말의 의미는 경매에 임하는 투자 마인드에 대한 이야기다. 그럼 실제 사례를 통해 돈 없이 경매 투자할 수 있는 방법과 성공사례를 소개하겠다.

경매를 시작하려면 실제로 얼마의 돈이 필요할까? 처음부터 금수저를 물고 태어난 사람이 아니라면 절대다수는 자금 부족을 핑계로 실행에 옮기지 못하고 있는 흙수저들일 것이다. 사실 경매로 성공한 고수님들의 성공담을 들어 보면 어떤 사람은 500만 원으로 시작했다, 어떤 사람은 1,000만 원으로, 또 어떤 사람은 2,000만 원으로 시작했다는 사람, 심지어 돈 한 푼 없이 시작했다는 사람도 있다. 이처럼 경매를 시작하는 데는 많은 자본이 없어도 가능하다. 물론 경매를 하는 데 자본이 많으면 절대적으로 유리하지만, 자본이 적다고 해서 경매를 할 수 없는 것은 아니다.

경매 시작 후 얼마 지나지 않아서의 일이다. 내가 가진 자본금은 3,000만 원에 불과했다. 그런데 친구 J는 2억 원 정도의 자금으로 경매를 시작했다. 난 그때 가진 자금이 적어 다소 의기소침했었다. 그래서 더 죽을 각오로 덤빌 수밖에 없었다. 그만큼 절실했다. 그러다 마침내 빌라를 낙찰받았다. 낙찰금액 9,600만 원, 전세 7,500만 원, 투자금 2,100만 원 낙찰 후, 세입자에게 1억 1,300만 원에 매도 차익 1,700만 원 수익을 4개월 만에 보게 됐다. 그렇게 부동산 경매를 시작하고선 오늘에 이르렀다. 그런데 내 친구 J는 여유자금이 풍부해서였는지 빌라는 거들떠보지도 않았다. 그는 아파트 위주로 물건을 봤지만 이마저도 절실하지 않아서인지 20여 건을 패찰하더니 결국 경매장을 떠났다. 그후 J는 주식에 투자하고는 1억 7,000만 원을 손해 봤고 결국 주식시장도 떠나고 말았다. 지금은 낚시로 소일한다는 이야기가 들려오곤 한다.

위의 사례에서 보듯 자본이 적은 나는 절실함이 있었다. 적은 자본을 잃어버리기라도 한다면 전 재산을 날릴 판인지라 더 간절했다. 반면 친구 J는 자본이 여유롭다고 안일하게 생각하며 여유를 부렸다. 세상사 모든 게 마음가짐에 따라 결과는 하늘과 땅 차이다. 돈이 없는 사람들은 어떻게든 종잣돈을 만들 생각을 하고 수익이 나는 물건에 초점을 맞춘다. 자금에 여유가 있는 사람은 다소 느긋한 특징이 있다.

경매는 자금이 많고 잘하는 것이 아니라 한정된 자금을 얼마나 잘 활용해 투자 횟수와 보유 개수를 늘리느냐가 핵심이다. 경매의 핵심을 잘 이해하고 돈타령은 그만하길 바란다. 세상사 어떤 일이든 '절실함'보다 더 좋은 동기부여는 없다. 부자가 되기를 절실하게 원하고 현재의 내 상황이 절실히 돈을 벌어야 한다면 이것은 최고의 동기부여가 된다. 돈이 많고 적은 문제로 투자를 못 하는 것은 절대로 아니다.

세상의 진리는 다 뻔하다. 여러분들은 절실함이 중요하다는 사실을 몰랐는가? 아니다. 다 알고 있지 않았는가! 그런데 왜 가난하게 사는가? 또 돈이 없어서라고 핑계만 댈 것인가! 우리 솔직하자! 돈이 없는 게 아니라 용기가 없었던 건 아닌가? 이 시간에도 핑계를 찾고 있는가? 적어도 이 책을 읽고 있는 여러분은 한 발짝 앞으로 나간 건 맞다. 여기서 머물지 말고 제발 부디 움직여라. 그럼 된다.

소액으로 투자할 수 있는 순차등기에 대해 알아보자. 순차등기를 하게 되면 보증금 10%로도 경매를 할 수 있다. 순차등기란, 예를 들어 1억 원짜리 물건이라면 보증금 1,000만 원으로 낙찰을 받고 잔금지급기일 전에 매수자 돈으로 잔금을 납부하는 방식이다. 순차등기의 핵심은 하루 만에 공단에서 내게, 내게서 매수자에게로 순차적으로 등기를 넘기게 돼 정상적으로 세금과 등기를 마치게 하는 것이다.

이런 식의 순차등기는 잔금지급기일 전에 매도해야 하는 압박감이 있어서 신중을 기할 필요는 있다. 순차등기를 실행하기 위해서는 사전에 치밀한 시장조사를 바탕으로 수요가 뒷받침되는 곳의 물건을 낙찰받아야 한다. 단순히 싸다고 덜컥 낙찰받아서는 안 된다. 시장에서 임장 활동을 열심히 잘한 사람에게 오는 혜택이라는 것을 명심해야 한다.

또 하나의 사례는 경락잔금대출로 상가를 소액으로 투자한 사례다. 보통 상가 투자라고 하면 돈이 많이 들 것으로 생각한다. 사실과는 다르다. 아파트 경매보다는 오히려 적게 드는 것이 일반적이다. 상가 경매는 낙찰금액의 80% 정도의 대출과 20% 정도의 임차 보증금으로 하는 투자이기에 자기 자본 없이도 투자할 수 있다.

예를 들자면 2억 원의 상가를 자본 없이 투자하는 방법은 다음과 같다.

대출과 보증금을 활용한 상가 투자법

〈상가 임대 현황: 보증금 3,000만 원/월세150만 원〉

상가 낙찰비용 2억 1,000만 원(낙찰가 2억 원+부대비용 1,000만 원)

− 대출금 1억 6,000만 원

− 임차인 보증금 3,000만 원

= 순 투자금 2,000만 원

→ 월세 150만 원 − 대출이자 65만 원 = 임대수익 85만 원

앞의 경우라 하더라도 주의해야 할 점은 있다. 첫째, 권리분석 실수로 인한 추가 투자 비용이 발생하는 물건은 배제해야 한다. 둘째, 집의 노후 정도가 심하거나 훼손이 심해 과다한 수리 비용이 발생하는 물건도 주의해야 한다. 셋째, 임차인을 빨리 구할 수가 없어서 경락잔금대출이자와 관리비의 부담이 증가할 수 있는 물건 등은 주의해야 한다. 이상의 문제를 해결하기 위한 팁은 임장 체크리스트를 적극적으로 활용해 주의해야 하는 물건은 낙찰받지 않아야 한다.

'기회는 작업복 차림으로 온다'라는 에디슨의 말처럼 부동산 경기가 얼어붙어 있을 때 관심을 가져야 적은 돈으로 저평가된 부동산을 매수할 기회를 찾을 수 있다. 지금 이 시기는 공부하면서 실력을 키울 절호의 기회다. 세상 어느 것이든 다 그렇듯 내리막이 있으면 오르막이 있기 마련이다. 이 사실 또한 우리가 모르는 사실인가? 다 알고 있는 것 아닌가! 지금이 부동산 하락기라고 해서 가만히 수수방관만 하고 있는가? 경매는 지금이 인생 최대의 호황기다. 과거 IMF 시기에 부동산 경매 시장이 어떻게 됐는가? 그 시기의 뉴스를 살펴보면서 현재 상황을 비교 분석하고 미래를 대비해야 한다.

1997년 12월 4일 매일경제뉴스에서는 IMF시대 경매, 공매 재테크 요령으로 '불황 때 싼 물건 많다'라고 보도했다. 싸고 우량한 물건이 넘쳐나고 오히려 경매 시장의 경쟁률은 낮아졌다는 기사다. 어떻게 생각되는가? '많은 사람이 투자하지 않아서 경쟁률이 낮아진 것이니까 역시 지금은 불황기라 위험해!' 이렇게 생각하는 사람은 책을 덮고 경매에서 손을 떼라! 지금이 인생 최대의 기회라는 것을 의심하지 말라.

역사는 되풀이된다. 지금이 IMF 시대보다 결코 나은 상황이 아니다. 지금부터 당장 대비하자.

2009년 1월 21일 오마이뉴스에서는 '부동산 대폭락? 경매로 무조건 돈 번다', '부동산 경매 무료강좌 참석자들의 뜨거운 열기'를 보도했다. 무료 공개강좌를 한 번 더 개최할 정도로 부동산 경매 열기가 뜨겁다는 뉴스다. "지금은 부동산 하락기이니까!", "난 투자금이 없으니까!"

이렇게 핑계만 대고 있을 것인가? 제발 정신 차려라! 어느 누가 당신을 부자로 만들어 주지 않는다. 알고 있는 사실이 아닌가? 다시 말한다. 실행하라.

부동산 경매는
왜 돈이 되는가?

　부동산 경매 시장의 특성을 잘 이해하면 '왜 돈이 되는가'에 대한 답을 찾을 수 있다. 그 이유는 다음과 같이 네 가지의 이유다. 첫째. 매수자 우위의 시장이다. 둘째, 레버리지 활용이 가능하다. 셋째 감정평가의 시차가 있다. 넷째 유찰 저감률이 있다 등이다. 하나씩 차례로 살펴보겠다.

　부동산 거래 시장은 누가 우위냐에 따라 가격 결정이 된다. 누가 더 '유리하냐'는 두 글자로 '우위(優位)'라고 표현한다. 사전적 의미는 남보다 나은 위치나 수준 또는 우월한 지위라는 뜻이다. 일반적으로 부동산 거래 시 매도자가 우위에 있으면 그만큼 부동산 가격은 오를 수밖에 없다. 물건은 한정됐는데 매수자가 많아 자연스럽게 가격 경쟁이 생기기 때문이다. 반대로 매수자가 우위에 있으면 부동산 가격은 하락한다. 매도자는 매수자들이 원하는 수준으로 가격을 낮추기 때문이다.

매도자와 매수자가 대등하면 거래 성사가 쉽지 않다. 현재 상황과 상관없이 서로 자기 입장만 생각하기 때문이다. 힘의 균형이 깨어져야만 신속하게 거래가 이뤄진다. 매도자가 우위인 시장은 부동산 가격이 바닥을 치고 상승세가 이어질 때 나타난다. 이 시기엔 매물이 적은 데다 매수자가 적극적으로 매수 의사를 밝히면 매도자가 가격을 높이기 때문이다. 결국, 매도자와의 협상에 매수자는 소극적으로 대응하게 될 수밖에 없다.

매수자가 우위인 시장은 부동산 가격이 고점을 찍고 하락세가 이어질 때 나타난다. 이 시기 매도자들은 고점에서 팔지 못했다는 아쉬움과 계속되는 하락에 대한 불안감으로 매수자가 빨리 매입해주기를 바란다. 결국, 매수자가 부르는 가격에 휘둘리면서 선택권을 매수자에게 맡기게 된다.

매도자와 매수자의 우위 여부는 시장 상황에 따라 달라진다. 그리고 이 같은 시장 상황의 변화는 다양한 변수들에 의해 생긴다. 대표적인 변수로는 부동산 관련 정부 대책이라 할 수 있다. 정부 대책은 영향력이 가장 큰 변수다. 이외에도 전세 시장, 분양물량, 입주물량, 개발계획, 교통개선 등의 국내 요인과 국외 경기상황도 시장을 변화시키는 변수로 볼 수 있다.

지금까지 부동산 일반매매 시장에서 매도자, 매수자 우위에 대해 살펴봤다. 이제부터는 일반매매 시장과 다른 경매 시장의 특성을 살펴보자. 경매 시장에서는 매도자가 개인이 아니라 법원이라는 점이 다르다. 즉, 매도자가 변심의 작용 여지가 전혀 없다는 것이다. 일반매매에서는 매도자와 매수자 사이에는 협상가격이란 게 존재하는데 경매 시장에서는 '협상가격'이라는 개념이 없다. 오로지 매수사의 결성가격만 존재할 뿐이다. 가격결정권은 온전히 매수자만 가지고 있는 철저한 매수자 우위의 시장인 것이다. 부동산 가격 상승기든 하락기이든 거래가격 결정권은 오로지 매수자에게 있다. 매도자의 가격은 단순히 감정가격일 뿐이다. 물론 시장 상황의 변화에 따라 감정가의 변화는 수반된다. 그러나 감정가격이 비싸면, 즉 내 수익에 맞지 않는 가격이라면 입찰에 응하지 않으면 그만인 것이다. 거래가격의 결정은 매수자가 한다는 것이다. 어떤가? 철저한 매수우위 시장이 아닌가?

둘째는 대출레버리지, 전세레버리지를 활용해 수익극대화를 이룰 수 있다. 먼저 경락잔금대출의 특성을 이해해야 한다. 경매의 여러 장점 중 하나는 바로 경락자금대출이다. 일반매매의 담보대출보다 금리나 한도 면에서 장점이 많다. 그래서 경락자금대출의 시스템을 알고 활용하면 큰 수익을 낼 수 있다. 일반매매보다 돈을 굴릴 수 있는 폭이 더 넓기 때문이다.

대부분의 사람은 대출을 부정적으로 생각한다. 나 또한 그랬다. 옛날 속담인 '외상이면 소도 잡아먹는다'는 속담은 대출의 부정적인 면을 강조하는 교훈이었으리라. 우리 조상들은 빚은 되도록 없는 것이 좋다고 생각했다. 하지만 경매에 뛰어들면서 알게 된 부자들의 공통점은 대출금을 잘 활용한다는 것이었다. 그들은 대출금을 자신의 자금과 함께 굴리고 있었다.

그렇다고 무조건 대출을 받으라는 말은 아니다. 하지만 대출이라는 레버리지를 이용하면 내가 가진 자금만으로 입찰할 수 없는 물건도 내 것으로 만들 수 있고, 수익률도 달라진다. 예를 들면 부동산에서 나오는 수익률이 10%라고 가정했을 때, 1,000만 원짜리 부동산의 수익은 100만 원이다. 같은 원리로 1억 원짜리 부동산은 1,000만 원이 된다. 즉, 대출을 지렛대 삼아 잘 활용한다면 더 많은 수익을 올릴 수 있다.

경락잔금을 대출받고자 한다면, 여러 가지 고려해야 할 사항이 있다. 먼저 대출의 한도파악을 해야 한다. 각각의 물건마다 대출이 어느 정도 나오는지, 시장에서 통용되는 가이드라인이 있다. 하지만 이를 참조하되 절대적 기준으로 삼으면 안 된다. 가이드라인을 살펴보면 아래와 같다.

아파트와 빌라는 70%, 주택은 50%, 상가 80%, 공장 70%, 토지 70%, 특수물건은 기본적으로 대출이 불가다. 경락자금대출을 이용하기 위해 갖춰야 할 것으로는 신용도 관리, 자산(부채)관리, 소득증빙자료 등이 있다. 빚은 기본적으로 위험하다. 그러나 경락잔금대출은 오로지 용도가 부동산 잔금용도로만 사용돼 그 부동산에 온전히 묶인다. 즉, 다른 용도로 사용할 수가 없다. 경락잔금대출이 수익에 지대한 영향을 미치는 사례는 위에서 예시를 통해 간단히 설명했다. 향후 본문에서 상세히 다루도록 하겠다.

셋째로 살펴볼 것은 감정평가사들이 경매 입찰 시행하기 통상 6개월 전에 감정하기에 경매 입찰 시행 시점과 6개월이라는 시차가 발생한다는 점이다. 부동산 상승기에는 6개월의 시차만으로도 많은 시세 차익을 낼 수 있다. 하락기에는 현재의 입찰가를 산정하는 데 중요한 기준이 될 수 있다. 상승기든 하락기든 6개월 전의 감정가는 입찰가격 결정에 기준을 제시함으로써 판단에 도움이 된다.

넷째로 살펴볼 것은 경매 유찰 제도다. 이 제도는 법원에서 공식적으로 20~30%씩 할인해서 파는 제도다. 공식적으로 부동산 할인을 하는 곳이 법원이다.

처음 경매를 진행할 때 나온 가격을 1차 최저 경매 가격 혹은 법사 가격이라 하고 입찰자가 아무도 없어서 경매 일정이 다음 매각기일로 넘어가는 걸 유찰이라고 한다. 아무도 입찰을 안 해서 유찰이 되면 유찰 저감률이 20~30%다. 그 가격이 최저 입찰가격으로 경매가 진행된다. 이 얼마나 좋은가? 매수자가 사지 않으면 법원이 알아서 20~30%씩 깎아주니 말이다. 법원마다 이 유찰 저감률이 다르니 유찰되고 다음 입찰 시 저감된 최저 입찰가격 이상으로 입찰가격을 써야 하며 이보다 낮게 쓰면 무효가 된다.

아래의 유찰 저감률표를 참조해보자.

법원별 유찰 저감률표

법원	유찰 저감률	법원	유찰 저감률
서울중앙지방법원	20%	대구지방법원	30%
서울동부지방법원	20%	안동지원	30%
서울서부지방법원	20%	경주지원	30%
서울남부지방법원	20%	김천지원	30%
서울북부지방법원	20%	상주지원	30%
의정부지방법원	30%	의성지원	30%
고양지원	30%	영덕지원	30%

인천지원	30%	포항지원	30%
부천지원	30%	대구서부지원	30%
수원지방법원	30%	부산지방법원	30%
성남지원	30%	부산동부지원	20%
여주지원	30%	부산서부지원	20%
평택지원	30%	울산지방법원	20%
안산지원	30%	창원지방법원	20%
안양지원	20%	마산지원	20%
춘천지방법원	30%	진주지원	20%
강릉지원	30%	통영지원	20%
원주지원	30%	밀양지원	20%
속초지원	30%	거창지원	20%
영월지원	30%	광주지방법원	1차 30% 이후 20%
청주지방법원	20%	목포지원	1차 30% 이후 20%
충주지원	20%	장흥지원	20%
제천지원	20%	순천지원	1차 30% 이후 20%
영동지원	20%	해남지원	1차 30% 이후 20%
대전지방법원	30%	전주지방법원	30%
홍성지원	30%	군산지원	30%
논산지원	20%	정읍지원	30%
천안지원	30%	남원지원	30%
공주지원	30%	제주지방법원	30%
서산지원	30%		

지금까지 부동산 경매는 왜 돈이 되는가에 대해 네 가지의 이유를 살펴봤다. 부동산을 매수하는 데 있어서 이렇게 많은 장점으로 매수할 수 방법이 경매 말고 또 있을까? 선택은 늘 여러분의 몫이다.

2장

나는 경매로
월세 1,000만 원 받는다

인생에서
최고의 홈런을 치다!

　여러분은 부자 인생인가? 대부분의 사람은 부자로 태어나지도 못하고 부자로 인생을 살지도 못한다. 오죽하면 '흙수저'란 말이 유행할 정도니 말이다. 태생적인 흙수저는 흙수저로 끝나야 할까? 이 질문에 대한 답은 당연히 'NO'다. 흙수저에서 출발해 금수저로 인생 역전한 사람들을 본문에서 쉽게 만날 수 있을 것이다. 흙수저에서 금수저로 인생 홈런을 친 드라마틱한 선배들의 삶 속에서 지혜를 찾기 바란다.

　여러분은 '파레토 법칙'과 '소득 5분위 배율'을 알고 있는가? 파레토 법칙은 8:2 공식이라고 알려져 있다. 상위 20%가 하위 80%보다 많은 소득분포를 지닌다는 통계적 법칙으로 상위 20% 사람들이 전체 부(富)의 80%를 가지고 있다는 개념이다. 즉, 하위 80%는 20%의 부(富)를 가지고 있다는 뜻이다. 이 개념은 종종 상위 20% 고객이 매출의 80%를 창출한다든가 하는 의미로 쓰인다. 대부분의 사람이 하위 80%의 삶이란 뜻도 된다.

소득양극화의 심각성을 측정하는 것으로 '소득 5분위 배율'이라는 개념을 사용한다. 소득 5분위 배율은 상위 20% 소득을 하위 20%의 소득으로 나눈 값이다. 시장소득을 기준으로 한 소득 5분위 배율은 2006년 6.65이었으나 2016년 9.32로 상승해 그 기간에 소득양극화가 심화된 것을 알 수 있다.

파레토 법칙이나 소득 5분위 배율이나 부자는 계속 부자로, 가난한 자는 계속 가난한 자로 살아갈 수밖에 없는 구조란 것이다. 이 구조에서 계속 하위 그룹으로 살고 싶은가? 그게 싫다면 하위 그룹에서 탈출한 인생 홈런을 친 선배들을 소개하겠다.

난는 2018년 의원 재산 신고 시 5,500만 원을 신고했었는데 현재 50억 원의 자산가가 됐다. 의원 입후보 전 2012년 생애 최초로 빌라 35평을 매입했다. 구입가는 9,500만 원이었고, 대출이 6,500만 원이라서 내 부담은 3,000만 원에 불과했다. 우리 부부와 아이들은 너무나 기뻤다. 비록 대출로 산 집이지만 생애 최초 자가였으니 말이다.

우리 부부는 너무나 기쁜 나머지 그 집에서 평생 살자며 본적지를 아예 그 빌라로 옮겨 버렸다. 빌라를 사기 전에 우리 가족이 살던 집은 보증금 3,000만 원에 월세 25만 원의 단독주택 월세였다. 이 집에서 눈물 나는 에피소드가 있다. 어느 추운 겨울날이었다. 큰 아들놈이 중학교 2학년 때다. 학교에서 친구들과 추운 날씨 얘기를 나누다 각자 자기 집이 얼마나 추운가 얘기를 나눴던 모양이다. 큰아들 친구들이 각자 자기 집이 얼마나 추운지에 대해 얘기가 이어지고 있었는데 큰아들의 결정적인 한마디, "야! 이 자식들아! 우리 집에는 안방에서 말하면 하얀 입김이 나온다!" 이 한마디에 아들 친구들은 일제히 "졌다!"를 외쳤단다. 이 말을 집에 와서 아내에게 했던 모양이다. 저녁에 집에 오니 아내의 눈이 벌겋게 부어 있었다. 아마 아들에게 미안하기도 하고 자신의 신세를 한탄하며 울었던 모양이다. 얼마나 나 자신이 비참하고 미안하던지…. 그날 우리 부부는 거실의 연탄 난로가에서 밤새 울면서 술로서 슬픔을 달래며 다짐했다.

"우리, 뼈 부서지는 한이 있더라도 열심히 일해서 내년 겨울에는 아이들이 따뜻한 방에서 자게 해주자."

우리 부부는 그 다짐을 다음 해 겨울이 오기 전에 달성할 수 있었다. 전에 살던 월세 집은 거실이 마루로 된 오래된 단층집이었다. 겨울 난방을 마룻바닥에 연탄난로로 해결할 수밖에 없었다. 기름보일러의 기름값을 아끼려고 겨우 안방만 외출 보일러로 켜놓고는 전기장판으로 서로의 온기로 한 방에서 네 식구가 생활하던 집이었다. 월셋집에서 탈출해 빌라 35평을 샀으니 얼마나 기쁜지 표현할 길이 없었다.

그런데 빌라를 사고 나서 자금의 여유가 없었다. 그래서 냉장고, 식탁, 소파, 에어컨, 침대 등을 중고로 구입했다. 냉장고는 처음으로 양문형 냉장고를 가지고 싶다는 아내의 말에 네이버 중고거래 사이트에서 구입했다. 아내가 7년이 지난 양문형 냉장고를 보고 좋아하던 모습이 생각난다. 지금은 김치냉장고까지 양문형으로 사용하고 있지만, 그때는 그게 그렇게 좋았던 모양이다.

에어컨도 한때 유행했던 트윈을 중고로 사서 하나는 거실에 하나는 안방에 설치했다. 여름에 에어컨 바람이 시원하다며 너무나 좋아하던 아이들과 아내가 생각난다. 지금에서야 편하게 말할 수 있지만, 가전 가구조차 중고로 살 수밖에 없던 내 처지가 다소 비참하기도 했다. 하지만 내 최초의 집은 아름다운 추억과 좋은 일을 내게 많이 안겨 줬다.

　아름다운 추억 중 하나는 우리 가족 전부가 성당에서 영세를 받고 신앙생활을 시작한 것이다. 온 가족이 신앙생활을 하게 되니 가정은 자연스럽게 화목해졌고, 성당 교우들과의 관계에서도 친목 도모가 됐다. 특히, 내 대부님과 아내의 대모님께 무한한 감사의 인사를 드린다. 두 분은 부부로서 우리 부부의 대부, 대모를 서 주신 분이시다. 두 분이 계셨기에 외롭지 않게 신앙생활을 할 수 있었다. 그때의 어려운 집안 형편을 잘 이겨낼 수 있도록 물심양면으로 도움을 주신 우리 대부님과 대모님께 다시 한 번 더 고개 숙여 감사의 말을 올린다.

　또 하나의 경사는 대구광역시 달서구의회 의원으로 기초의원에도 당선되는 영광을 안겨줬던 일이다. 그 집은 의원 생활 내내 따뜻한 잠자리와 화목한 가정을 제공해주고 2019년 1억 7,500만 원에 되팔았다. 그 빌라는 8,000만 원의 수익을 내게 안겨줬고, 그 수익은 투자 종잣돈으로 사용됐다. 즉, 내 첫 부동산 투자 성공사례라 말할 수 있다. 그 이후 본격적인 부동산 투자로 이어져 LH 주택지 분양, 아파트분양권, 갭 투자 등으로 이어졌고 현재는 경매로 자리 잡게 됐다. 여러 가지 부동산 투자에 대해 공부하고 투자해본 결과 '경매보다 부동산을 싸게 살 방법은 없다'라는 결론에 이르렀다. 그에 따라 현재 나는 경매 투자와 경매 강의를 해오고 있다.

경매로 인생 홈런 친 선배가 있다. 지방에서 유명한 경매 강사 K다. K는 한때 개척교회 목사로 목회 활동을 했다. 논에 대한 포부가 남달랐던지 목회를 그만두고 경매 공부에 심취했고, 경매의 달인 경지에 올라 지금은 대학 평생교육원, 사설학원 등에서 유명 강사로 활동하고 있다. 본인 스스로 경매 학원을 운영하기도 하며, 유튜버로서도 활발한 활동을 하고 있다. 막대한 부도 창출했고 대도시 근교에서 유유자적 전원생활을 하고 있다. 교회 목회자라 할지라도 자본주의 사회에서는 돈을 무시할 수가 없다. 목회자로서 사람들에게 하나님의 복음을 전파하는 일은 잠시 쉬고 계시지만, 자기만의 방식으로 경제적 자유라는 새로운 복음을 전하기 위해 경매 강의를 하고 계신 것으로 생각한다.

이번에는 또 다른 인생 홈런 친 사람을 소개해본다. 3년 전만 해도 C는 지방에서 맞벌이로 아이 둘을 키우면서 살아가던 평범한 30대 직장인이었다. 중소기업에서 열심히 일했지만 삶은 항상 빠듯했다. 통장에 있는 돈은 5,000만 원이 전부였다. 직장에 회의감을 느낀 그는 하루라도 빨리 직장과 월급으로부터 독립하기로 마음먹었다. 부동산 투자를 결정하고 퇴사를 결정했다. 다소 무모하다는 생각이 들었지만, 평생 노동자계급으로 살기 싫었고 어린 자식들에게 가난을 대물림하기 싫었기에 내린 결정이었다. 부동산 투자는 3년 만에 그의 인생을 완전히 바꿔 놓았다. 그는 일반적으로 많이 알려진 방식의 투자를 하지 않았다. 자신만의 투자 방식을 개척했다. 남들이 가지 않았던 길을 통해 경제적 자유를 달성했다. 그 결과 통장에 있던 돈은 5,000만 원에

5천만 원으로 5년 만에 50억을 만든
부동산 경매 고수의 현실적인 투자 비결

서 15억 원으로 불어났다.

　C는 처음에 경매를 통한 5건의 빌라 투자로 5,000만 원을 2억 원으로 만들었다. 자본이 부족하다고 생각해서 무엇이든 발로 뛰었다. 임장 활동도 누구보다도 열심이었고, 집수리도 직접 했다. 다음으로 투자한 것은 소규모 신축이었다. 신축은 경매로 확보한 2억 원을 가지고 시작했다. 매입할 땅은 4억 원이었는데 대출이 3억 원이 나왔다. 땅을 사면서 현금 1억 원이 쓰였다. 공사비는 총 5억 원 정도가 들어갔는데 은행에서 건설 자금 대출로 약 3억 원, 공사업체 외상으로 2억 원을 받을 수 있었다. 결론적으로 공사비 5억 원 중 현금은 하나도 안 들어갔다. 이외에 설계비, 감리비, 은행 이자 등의 부대 비용으로 1억 원 정도가 들어갔다. 건물을 짓기 위해 총 10억 원이 소요됐다. 은행대출 6억 원, 시공사 대출 2억 원, 현금 2억 원으로 해당 금액을 충당할 수 있었다.

　C는 해당 건물의 세입자를 전세 위주로 세팅했다. 여섯 개의 방은 전세로 놓고, 상가와 방 하나만 월세로 놓았다. 전세 위주로 세팅하고 나니 바로 보증금 8억 원이 들어왔다. 시공사와 은행에 4억 원을 상환한 후에도 통장에는 4억 원이 남아 있었다. 2억 원의 자산이 '건물 한 채 + 4억 원'으로 불어난 셈이다. 주택담보대출 4억 원에 대한 이자는 상가와 방에서 받은 월세로 충분히 충당할 수 있었다. C는 소규모 신축을 한 차례 더 위와 같은 방식으로 했고, 현재는 경매 시작 후 3년 만에 자산이 5,000만 원에서 15억 원이 됐다. 현재는 신축할 땅을 경매받기 위해 열심히 임장 다니고 있다. C의 경우는 경매를 통해 종잣돈을 마련해 소규모 신축으로 자산을 늘린 사례다. 경매를 통해 종잣

돈을 마련하고 또 다른 신축부지를 경매로 찾고 있다.

그 외 인생 홈런 친 선배들은 너무나 많다. 경매대○왕, 부○싼, 송사○장, 빅○마 등 이런 선배들의 뒤를 따르지 않겠는가? 여러분도 인생역전 할 수 있다. 자신감만 가지고 행동하기만 하면 된다. 내가 직접 경험한 내용이기도 하다. 이제 인생 홈런을 친 선배들의 길로 가지 않겠는가? 선택은 여러분의 몫이다.

"홈런~!"의 짜릿함은 9회말 2아웃 이후에 나오는 역전 홈런이 가장 드라마틱하다. 그러나 여러분은 9회말 2아웃까지 기다리지 말라. 지금 당장 1회부터 홈런을 치기 바란다. 아무리 풍부한 지식이 있어도 활용하지 않고 실행하지 않는다면 그 지식은 무용지물이다. 인생역전의 기회는 주어졌다. 행동하라!!

경매를 할 수밖에 없는 이유?

경매에 관심을 가지고 참여하는 이유가 무엇일까? 간단하다. 결론은 '돈이 되니까'다. 돈이 되는 과정과 안전하게 투자할 방법에 대해서는 본문에서 수차례 언급할 테니 잘 배우기 바란다. 먼저 안정성과 수익성에 대해 얘기해보자.

경매는 투자금의 손실을 예방하는 다른 재테크에서 찾아볼 수 없는 '3중 안전장치'가 있다. 즉, 투자금 손실이 발생하지 않는 3가지의 수익 구조가 있다.

첫째, 물건을 사자마자 시세차익을 보는 구조다. 우리는 경매 입찰 시에 임장 활동을 통해 시세를 파악한다. 시세를 알고 있으니 절대 시세보다 비싸게 사지 않으니 시세차익을 볼 수 있다. 즉, 수익이 실현될 수 있는 물건에 입찰하는 셈이다. 또한, 일반매매보다 싸게 구입했으니 취득세도 절세할 수 있다. 이 또한 큰 장점이다.

둘째, 보유 중에 수익이 발생한다. 부동산은 사용하면서 수익을 낼 수 있는 물건이다. 그래서 용익물건이라 칭한다. 부동산은 빌려주고 사용비를 받는 개념이라서 소유주는 단지 소유하기만 하면 된다. 이는 사업시스템 구축에서 아주 중요한 개념이다. 나는 단지 소유만 했을 뿐인데 시스템이 작동해 남이 내게 수익을 안겨준다. 이렇게 되면 나는 일하지 않아도 수입이 생기는 구조다. 즉, 돈과 시간이 자유로워지는 진정한 부자가 되는 것이다. 시간과 돈의 자유로움을 안겨주는 시스템이 바로 부동산이다. 이 시스템을 마련하고자 하는 것이 우리가 부동산 경매를 연구하고 배우는 핵심 이유다.

셋째, 팔 때 차익을 보는 것이다. 저평가돼있는 지역의 부동산은 낙찰 당시 시세보다 높은 금액으로 팔 수 있다. 이 부분은 미래 가치를 예측하는 자료 수집이 필요하다. 미래예측을 조사하는 방법은 먼저 도시기본계획을 살펴봐야 한다. 도시기본계획이란 도시의 기본적인 미래 발전계획을 상세히 기록한 서류다. 도시기본계획은 각 지자체 홈피에서 다운로드할 수 있다. 도시기본계획을 모르고서는 부동산 투자를 한다고 얘기할 수 없다.

넷째, 각종 언론 보도를 통한 정보 수집이다. 도시기본계획과 언론 보도를 교차 대조해보는 것만으로도 많은 미래 개발계획을 알 수 있다. 그리고 부동산을 보유하면서 시간이 일정 부분 흘렀기에 저평가 유무에 상관없이 보유하면서 시세차익을 볼 수 있다. 물론 하락기에는 그렇지 않다고 생각할 수 있겠지만, 하락기에는 그만큼 싸게 구입할 수 있기에 또한 이익이다. 부자가 되려면, 돈보다 시간 부자가 되는 방법을 터득해야 한다. 어떤 일이든 돈을 들여서라도 시간을 아낄 방법을 찾는 일에 매진해야 한다. 즉, 노동에서 해방되는 시스템을 구축하라는 의미다. 내가 일하지 않아도 돈을 벌어들이는 구조의 용익물건인 부동산이 그 시스템의 답이 될 것이다.

대한민국에서 예나 지금이나 재테크의 수단 중 가장 안전하고 수익률이 높은 것은 부동산 투자다. 그렇다면 돈 되는 부동산을 어떻게 취득할 것인지가 관건이다. 매매를 통한 부동산 거래가 일반적이다. 하지만 진짜 남는 부동산 거래는 뭐니 뭐니 해도 부동산 경매를 낙찰받는 것이다. 다시 말해 가장 안전하면서도 수익률이 높은 재테크수단은 부동산 경매라고 할 수 있다.

부동산 경매에 대해 부정적인 시선이 많은 것도 사실이다. 이미 망해서 서러운 사람을 두 번 울게 만드는 잔혹한 투자라는 오해 때문이다. 하지만 투자자들이 부동산 경매 입찰에 많이 참여해 부동산 경매가 활성화되면, 경매 절차를 통해 채권자들은 채권을 많이 회수하고, 채무자는 채무를 더 많이 변제할 수 있어 서로 이익이 된다. 요즘은 부동산 경매에 대한 인식도 많이 바뀌었다. 부동산 경매는 이제 재테크의 수단으로 자리 잡았다.

재테크의 수단에는 다양한 투자 방법이 있다. 달러 투자, 금 투자, 원자재 투자, 은행적금, 주식 및 펀드, 채권, 장외파생상품(주가지수연계증권. 주식워런트증권), 부동산 투자 등이 있다. 여러 가지 투자 수단이 있지만, 지금은 전 세계 주가가 불안한 움직임을 보이고, 새 정부의 시장 친화적 부동산 정책에 대한 기대감으로 여러 투자자산 중 부동산의 강세를 전망해본다. 부동산 경매는 부동산 매매의 일종이다. 하지만 일반적인 매매와는 몇 가지 차이가 있다. 첫째, 경쟁방식을 통해 매매가 이뤄진다. 둘째, 매도인에 해당하는 채무자의 의사와는 무관하게 강제로 매매가 이뤄진다. 셋째, 매매 절차가 법원에 의해 통제된다.

부동산 경매에 투자하는 것은 다음과 같은 매력이 있기 때문이기도 하다. 첫째, 부동산 경매의 최대 장점은 시가보다 싼 값에 부동산을 매입할 수 있다는 점이다. 감정평가금액은 시가보다 낮게 평가되는 것이 일반적이고, 감정평가 이후 매각기일까지 통상 6개월 사이에 시가가 상승하므로 제1회 매각기일에 입찰해 최저매각금액으로 매각 부동산을 취득한다고 하더라도 그 금액은 시가보다 낮다고 할 수 있다.

둘째, 종류가 다양하다. 소액으로 가능한 빌라나 원룸 오피스텔부터 아파트, 상가, 모텔, 땅 주유소, 산에 이르기까지 다양한 물건이 있다. 경매는 부동산 도매 시장이라 불린다. 일반인들은 이렇게 다양한 부동산의 물건 정보를 입수하는 게 쉽지 않다. 전국적으로 여러 경매 물건을 접하다 보면 부동산 투자의 대상을 폭넓게 확장할 수 있다.

셋째는 토지거래 허가를 받을 필요가 없다는 것이다. 토지거래 허가 구역 안에 있는 토지에 관한 경매는 토지거래 허가를 받을 필요가 없다는 것이 부동산 경매 투자의 장점 중 하나다. 경매 대상 토지가 허가 구역 또는 뉴타운지역 내에 있다고 해도 부동산 경매의 경우에는 토지 거래 허가를 받을 필요가 없다. 현행법이 토지거래 허가에 관해 엄격하게 규정하고 있고, 허가를 담당하는 공무원들도 허가기준을 엄격하게 적용함으로써 외지인의 경우 토지거래 허가를 받기 어렵다. 허가받더라도 허가받은 목적대로 토지를 이용해야 하고, 허가받은 목적대로 이용하지 않는 경우 이행강제금(최대 토지취득가액의 10%)이 부과된다. 이 때문에 매각 부동산은 여러 차례 유찰됨으로써 매각금액이 낮아질 우려가 있다. 이러한 우려를 고려해 부동산 경매의 경우에는 토지거래계약에 관한 허가를 받지 않도록 예외가 인정되고 있다.

넷째, 가격결정권이 매수인에게 있다. 일반매매에서는 매도인이 원하는 가격과 매수인이 원하는 가격이 합의돼야 거래가 성사된다. 그러나 경매는 매수인이 원하는 가격으로 부동산을 살 수 있다. 본인이 원하는 수익률에 맞춰서 적정한 입찰가를 선정할 수 있다. 또한, 일반매매와는 다르게 매도인이 부동산 상승장이라고 해서 계약 당시 약속한 금액에서 올려달라고 요구하거나 매도인 매수인의 변심으로 계약이 파기될 수 없다.

다섯째, 부동산 경매는 수익도 높고 안전하다. 주식이나 펀드 같은 '페이퍼머니'는 시장 상황에 따라 언제든 휴짓조각으로 변할 위험성이 있다. 부동산은 더 오르고 덜 오르고의 차이가 있을 뿐, 결국은 계속해서 오르게 됐다. 부동산 경매에서 위험이라면 투자자가 매각을 원하는 시점에 매수인이 나타나지 않는 경우다. 즉, 현금유동성에서 자유롭지 못한 정도인데, 어떻든 집이나 땅은 도망가지 않고 그 자리에 남아 있다. 아울러 잘 고른 부동산 경매는 몇 배의 이익을 남겨주고 새 주인을 찾아가는 것도 빠르다.

여섯째, 내 재산과 주변 사람들의 자산을 지킬 수 있는 기본기가 된다. 경매 절차를 공부하게 되면 자신의 부동산이 경매로 넘어가지 않게 하는 방법과 자산을 지키는 방법을 자연스럽게 배우게 된다. 또한, 세입사의 경우 보증금을 안선하게 보호하는 방법, 계약 시 주의해야 할 점, 재계약이나 보증금 증액 시 주의해야 할 내용 등을 알게 된다. 부동산공부를 제대로 하려면 부동산 경매보다 더 좋은 게 없다.

일곱째, 경매는 허위매물이 없다. 일반 거래 시장에서는 여전히 허위 미끼 매물이 혼재됐다. 또한, 일일이 확인하지 않으면 거래가 가능한 것인지 완료된 것인지 알 수가 없다. 반면 경매는 경매가 시작되는 시점에 전국의 모든 물건이 동시에 공시가 되며, 낙찰 혹은 변경 등 상태의 변화도 정확히 알 수 있다.

이런 장점이 많은 경매에도 어려운 점은 있다. 먼저 권리분석을 잘못하면 낭패를 볼 수 있다. 부동산 경매 절차에 참여해 좋은 부동산을 싼값에 매입하기 위해서는 우선 부동산 등기부등본을 보며 권리분석을 할 수 있어야 한다. 또한, 부동산 등기부등본에 기재되지 않는 유치권, 대항력 있는 임차인, 법정지상권 등에 대해서도 분석할 수 있어야 한다. 걱정할 것 없다. 내가 이 책을 쓴 이유이기도 하지만, 절대 어렵지 않으니 두려워 말라. 이 책을 끝까지 정독한다면 해결될 것이다.

부동산 인도에 비용과 시간이 소요되는 것도 어려운 점이다. 부동산 경매의 경우에는 매수인이 일단 매각대금을 납입해야 채무자, 임차인 등으로부터 부동산을 인도받을 수 있다. 그런데 매수인이 매각대금을 납입해 부동산 소유권을 취득하더라도 채무자, 임차인 등은 매수인에게 이사비 등의 명목으로 돈을 요구하거나 부당하게 유치권을 주장하면서 부동산 인도를 거부하는 경우가 종종 발생한다. 명도에 대해서는 본문에서 별도로 심도 있게 다룰 것이니 여기서는 간략하게만 살펴보겠다.

매수인은 채무자, 임차인 등이 매각대상 부동산을 인도하지 않는 경우, 대금 납입 후 6개월 이내에는 부동산 인도명령에 따라 부동산을 강제로 인도받을 수 있다. 그 기간이 경과 했거나, 부동산 인도명령신청이 기각된 경우에는 부동산의 인도를 거절하는 자를 상대로 부동산 인도소송을 제기해 승소 판결을 받아 강제로 인도받을 수 있다. 이 문제도 본서를 정독하면 해결할 수 있다.

여러분, 이래도 경매를 안 할 이유가 있을까? 답은 여러분이 가지고 있다.

학교에서는 부동산 투자 교육을 하지 않는다

우리는 왜 학교에 다니는가? 학교에서 진짜 배워야 할 공부는 무엇일까? 이 물음에 대한 답변은 한결같다. 대기업에 취직하기 위해서, 전문직에 종사하기 위해서, 공무원이 되기 위해서 등 안정적인 직장을 가지는 게 학교 다니는 목적이 돼버렸다. 우리 부모세대도 그랬고, 우리 세대도 그렇게 하고 있다. 우리 아이들 세대 또한 그러한 게 사실이다. 우리가 그랬듯 우리 아이들도 그냥 그렇게 학교에 다니고만 있다.

우리는 실생활에서 함수로 계산하는 일은 거의 없다. 대학생들에게 고등학교 수학 문제 시험을 치르면 60점은 나올까? 아마 어려울 것이다. 일부 학과에서는 수학을 배우기는 하지만 대부분의 학과에서는 수학을 배우지 않을 뿐 아니라, 수학공식을 잊어버렸기 때문이다. 대체 1년만 지나도 잊어버리는 수학 공부를 왜 하는 것일까? 대졸자도 중학교 1학년 수학 문제를 못 푼다면 그런 공부를 굳이 할 필요가 있을까?

수학은 실생활에서 사용하지 않더라도, 모든 학문과 산업의 기초가 되며, 슬기롭고 논리적 사고에 도움이 된다고 사람들은 반박할지도 모른다.

물론 모르는 것보다 아는 게 좋을 것이다. 그렇다고 수학보다 훨씬 실생활에 꼭 필요한 학문은 내버려두고 졸업하면 바로 잊어먹는, 오로지 대학입학을 위한 학문을 고통스럽고 어렵게 배워야만 할까? 더 큰 문제는 절반 이상의 고등학생들은 수학의 수업내용을 전혀 알아듣지도 못한 채 그냥 의자에 앉아있다는 현실이다. 국어, 수학, 과학은 중등교육만으로도 일상생활을 영위하는 데 아무런 불편이 없다! 그렇다면 국어 수학 과학보다도 정말 배워야 할 학문이란 무엇인가?

실생활에 유용하고 꼭 알아야 할 지식, 그것이 개인의 삶과 나라의 발전에 긍정적인 효과를 미치는 지식! 여러 가지가 있겠지만, 우선 우리나라 개인 자산의 70%가 부동산이라면 부동산 공부가 우선돼야 하는 건 아닐까? 경제활동을 하는 사람이라면 누구나 초미의 관심사가 아파트일 것이다. 솔직히 말하면 아파트에 살 목적보다는 재산증식으로 여기는 게 일반적이다. 사람들이 생각하는 재산증식 1호는 분명 부동산 투자다. 경제활동을 하는 누구나 부동산 투자에 관심을 가진다. 서점에 가면 부동산 투자 책은 넘쳐나는데, 정작 학교에선 왜 부동산 투자교육을 배우지 못할까?

산업혁명 이후 자본가들이 대량생산을 해야 하기에 숙련된 일꾼이 필요했다. 이런 이유로 숙련된 기술자를 양성하기 위해 학교란 제도를 통해 기술자를 양성하게 된 것이다. 따라서 학교에서 진정한 자본가의 삶을 사는 데 필요한 정보를 제공한다고 보기는 어렵다. 지배계급은 학교 시스템을 동해 '무엇을 가르칠 것인가? 무엇을 가르치지 않을 것인가?'를 통제한다. 이러한 방식으로 자신들의 힘을 대물림한다. 학교에서 돈 교육이나 부동산 교육을 하지 않는 이유가 바로 그것이다.

이제 우리는 아이들에게 "열심히 공부해라!"라고 외치지 않아야 한다. 자아실현을 통한 더 나은 삶을 살기 위한 공부가 국영수가 아님을 우리는 알고 있다. 무엇보다도 '돈 공부'를 가르쳐야 한다. 과거에는 돈에 관해 좋지 않은 선입관에 사로잡혀 돈에 대한 부정적인 교육을 했다. 이는 유교적인 사상에서 오는 잘못된 사상이다. "부자들은 악해서 부자가 됐고, 다른 사람 사기 치지 않고는 부자가 되기 힘들다." 이 또한 얼마나 허무맹랑한 소리인가? 가난한 사람은 부자보다 더 선한 사람인가? 돈이 없으면 어떤 삶을 살아야 할까? 끊임없이 질문해도 정답은 '부자가 돼야 한다'다. 돈이 없으면 비굴하고 억울하게 살아야 한다. 자아실현은 고사하고 가족과 친구들 다른 모든 이와의 관계가 싸움으로 바뀌기 일쑤다. 우리의 일상생활에서 돈 없는 생활이 가능한가? 너무나 자명한 답이다. 돈이 인생의 전부는 단연코 아니지만, 인생의 절대다수를 차지하는 것 또한 사실이다.

나는 법학학사, 경영학 석사가 최종 학력이다. 대학원까지 졸업했지만, 학교 정규과정에서 돈에 관한 교육, 부동산 교육에 관해서 배워본 적이 없다. 법대를 졸업한 법학사였지만 부동산 등기부등본도 볼 줄 몰랐다. 우리나라 개인 자산의 70%가 부동산인데 부동산 등기부등본조차도 법대를 졸업한 법학사가 볼 줄 모른다. 나만의 얘기가 아니다.

지금 당장 올해 졸업하는 법대 졸업생들에게 부동산 등기부등본을 해석해 보라고 해보라. 단언컨대 100% 모를 것이다. 부동산 등기부등본은 정작 공인중개사 자격증을 취득하고 나서야 해석할 수 있었다. 대학교 졸업 20여 년이 지난 후의 일이다.

2006년도 무렵, 부동산의 중요성을 깨닫게 된 계기가 있었다. 그때 나는 김밥집 체인 사업을 하면서 여러 건의 가맹점 계약에도 관여하게 됐다. 건물주들은 월세로 수익을 내고 있었다. 그때 나는 건물주들이 건물을 소유만 할 뿐, 별다른 일을 하지 않고 수익을 내는 현실을 보게 됐다. '나도 건물주가 돼야겠다. 그러려면 부동산을 알아야 한다!'라는 생각이 번뜩 들었다. 그래서 부동산 공인중개사 공부를 하게 된 것이다.

부동산 공인중개사 자격증을 취득할 때 무척 힘들었다. 주간에는 김밥집을 운영하고 야간에 학원을 다녔는데 수업 마치고 집에 도착하면 저녁 11시였다. 내일 김밥집 영업을 해야 하기에 책을 볼 시간이 없었다. 그렇게 4개월이 지나고 첫 모의고사를 봤는데 평균 30점대였다. 충격 그 자체였다. 학원수업만 들었을 뿐이니 당연한 결과였다. 특단의 조치가 필요했다. 나는 아내에게 한 달의 시간을 얻었고 고시원에서 공부했다. 하루 15시간씩 공부에 매진한 결과 2006년 17회 시험에 1, 2차 동시합격의 영광을 안았다. 그 자격증으로 부동산 공부와 부동산 투자의 길로 접어들게 된 것이다.

그 자격증이 계기가 된 것은 맞지만, 자격증이 모든 부동산 공부의 끝이 아니었다. 이제 시작일 뿐이었다. 오늘날 부동산을 통해 자산을 축적했으니 그 자격증이야말로 나와 천생연분인 듯하다. 우리나라 개인 자산의 70%를 차지하고 있는 부동산에 관해서 전문가가 됐으니 얼마나 유리한 고지를 차지하게 된 것인가? 그로 인해 부자가 되는 것은 당연한 결과다.

나 때는 한국은 고도성장 국가였다.

나 때는 집을 사기만 하면 집값이 올라서 부자가 되던 시절이었다.

나 때는 학교를 졸업하고 대기업 취직하고 평생직장이 가능했다.

나 때는 대학 졸업장이 곧 취직이요, 고액 연봉으로 가는 길이었다.

나 때는 연금에 대한 걱정이 없었다.

나 때는 연륜과 경험이 자산일 때가 있었다.

나 때는 주식도 수익이 나던 때가 있었다.

그렇지만 불행히도 더 이상의 '나 때는' 없다.

우리의 젊은이들과 '나 때는 말이야'만 외치고 있는 사람들은 어떻게 해야 할까? 해답을 다음의 책에서 찾아보자. 롭 무어란 작가의 《레버리지》란 책을 살펴보자. 롭 무어는 영국에서 가장 빠르게 성공한 30대 중반의 백만장자다. 자기자본은 단 한 푼도 들이지 않고 500채 이상의 부동산을 소유하는 데 성공한 신화적인 인물이다. 동시에 여섯 권의 베스트셀러를 쓴 저자다. 롭은 대학 시절에 몇 차례 사업을 시도했으나 모두 실패했다. 빚이 엄청나게 불어나 파산상태에 빠지기도 했지만, 그 과정에서 레버리지의 원리를 터득했고, 3년 만에 완전한 경제적 자유를 획득했다. 현재 영국에서 가장 큰 부동산 교육회사인 '프로

그레시브 프로퍼티(Progressive Property)'를 포함한 일곱 개의 사업체를 운영 중이며, 다양한 채널을 통해 전 세계 사람들과 소통하면서 레버리지 라이프를 전파하고 있다.

우리가 제2의 롭 무어가 되지 않겠는가? 가능한 일이다. 이미 롭이 이룬 것을 우리는 보지 않았던가. 인생은 우리가 생각한 대로 이뤄진다. 제2의 롭이라고 생각하는 당신은 이미 제2의 롭이 된 것이다.

생산수단을 가진 지배계급과 생산수단이 없는 노동자계급으로 두 계급이 존재한다. 지배계급은 상품을 생산하고, 노동자는 노동력을 팔아 그 상품을 소비한다. 학교는 숙련된 노동자를 길러내는 곳이다. 지배계급이 만들어 놓은 조직에 순응하고 그 조직에서 필요한 인재가 되도록 가르친다.

우리의 부모가 평생 노동자로 살았고, 나 또한 노동자의 삶을 살다가 이제 생산수단을 가진 지배계급으로 가고자 한다. 여러분은 어떤가? 지배계급인가? 대부분의 사람은 노동자의 삶을 살고 있을 것이다. 여러분의 자녀도 노동자계급으로 살기를 바라는가? 요즘의 정보화 사회는 얼마든지 정보를 얻어 자본축적으로 생산수단을 가진 지배계급으로 갈 수 있다. 경매를 통해 자본축적이 가능하다. 노동자계급에서 벗어날 수 있다.

돈에 대한 이야기만으로는 부족하다. 우리나라 개인 자산의 70%인 부동산에 대한 교육이 필요할 때다. 여러분은 더는 임차인의 삶, 생산수단이 없는 노동자계급으로 살지 않기를 바란다.

우린 부동산 등기부등본도
볼 줄 몰랐다

　부동산 공부를 처음 시작할 때 부동산 등기부등본이 무엇인지, 어떻게 보고 해석하는지에 대해 전혀 알지 못했다. 대부분의 부린이들 또한 마찬가지일 것이다. 그러나 부동산 등기부등본을 읽고 해석하는 능력은 무엇보다도 중요하고 기초 중의 기초다.

　부동산 등기부등본은 '등기사항전부증명서'로 공식명칭이 변경됐다. 그러나 아직 등기부등본이란 용어를 많이 사용하고 있고 친숙해 본서에서도 편의상 부동산 등기부등본이라 하겠다.

　부동산 등기부등본은 우리의 주민등록등본과 비슷한 의미와 기능을 한다. 즉, 부동산의 주민등록증이라 이해하면 된다. 부동산 매매계약 및 임대차계약, 경매의 권리분석 등을 할 때 가장 먼저 검토해야 할 서류가 부동산 등기부등본이다. 부동산의 어떠한 계약을 하든, 경매의 권리분석을 하든 등기부등본이 처음이자 마지막이다.

부동산 등기부등본의 해석 정도에 따라 경매 수익은 하늘과 땅 차이이다. 따라서 부동산 등기부등본을 보는 방법과 각 표시에 대한 권리해석을 어떻게 하고 경매 투자에서 주의할 점을 살펴보자.

먼저 부동산 등기부등본의 종류에 대해 살펴보면 건물 등기부등본과 토지등기부등본, 크게는 이렇게 두 가지로 나뉜다. 다시 건물 등기부등본은 일반건물 등기부등본과 집합건물 등기부등본으로 나뉜다. 특히, 집합건물 등기부등본은 대지지분과 건물을 함께 등기하기 때문에 별도의 토지 등기부등본이 필요 없다. 그럼 부동산 등기부등본의 해석에 대해 자세히 알아보겠다.

부동산 등기부등본은 부동산에 대한 권리관계 및 부동산 현황이 등기부에 기재된 공적 장부다. 즉, 부동산의 지번, 지목, 구조, 면적 등의 현황을 알 수 있고, 소유권, 저당권, 전세권, 가압류 등의 권리관계도 파악할 수 있다.

그 구성은 표제부와 갑구, 을구로 구성됐다. 그중 표제부는 부동산의 소재지와 그 현황이 기재돼있고, 갑구에는 소유권의 권리관계가 기재돼있다.

을구에는 소유권 이외의 권리관계를 표시한다. 또한, 을구에는 해당 사항이 없는 경우도 많은데 이것은 을구에 기재할 권리관계가 없어서 깨끗하다는 뜻이다. 뜻이다. 부동산 등기부등본의 실제 사진을 참조해 가며 하나씩 살펴보겠다.

1. 등기부등본의 [표제부]의 내용

표제부에는 1동 건물에 대한 표시, 대지권이 목적인 토지에 대한 표시, 전유부분 건물의 표시, 대지권의 표시로 나뉜다. 각각의 의미는 아래와 같다.

공동주택 등기부등본

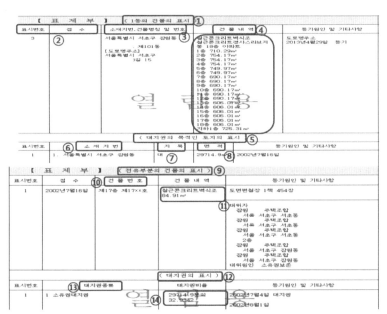

101동 정보 건물전체	①1동의 건물의 표시 (101동 1~18층 건물에 대한 정보)	⑤대지권의 목적인 토지의 정보 (101동이 위치한 토지정보, 소재지번)
	②표시번호/접수일 (배당순서의 기준)	⑥소재지번 (토지의 주소)
	③소재지번, 건물명칭 및 번호 (건물의 동 번호)	⑦지목
	④건물내역 (건물구조, 각 층별 면적)	⑧면적 (건물이 있는 토지 전체의 면적)

17××호 전유부분	⑨전유부분의 건물의 표시 (17××호 건물에 대한 정보)	⑫대지권의 표시 (전체토지에 대한 17××호의비율,지분)
	⑩건물번호 (전유부분의 층과 호수를 표시)	⑬내지권 종류 (17××호는 대지소유권을 보유)
	⑪건물내역 (17××호의 전유면적이 표시)	⑭대지권비율 (전체토지 중 17××호가 가지는 대지 권을 비율로 표시)

2. 등기부등본의 [갑구] 내용

갑구에는 소유권과 관계있는 사항이 기록됐다. 순위번호, 등기목적, 접수일, 등기한 이유, 권리자 등이 나온다. 등기 순서대로 나오므로 마지막 부분에서 현재의 부동산 주인을 확인할 수 있다. 토지나 건물이 단독 소유면 '소유자', 공동 소유면 '공유자'라고 나오고 지분을 표시한다. 소유자(혹은 공유자) 확인은 가장 기본이다. 갑구에 가등기, 가처분, 예고등기, 가압류, 압류, 경매, 신탁 등 다른 등기가 있다면 소유권 분쟁의 소지가 있으니 주의해야 한다. 이때 순위번호에 나오는 등기 순서가 권리의 우선순위가 된다.

【 갑　　구 】		(소유권에 관한 사항)		
순위번호①	등 기 목 적	② 접 수	등 기 원 인	③ 권리자 및 기타사항
2	소유권이전	2012년6월11일 제133907호	2012년4월8일 매매	공유자 지분 2분의 1 박　　　-******* 　서울특별시 서초구　　　　101동 　17××호 (　　　　아파트) 지분 2분의 1 노　　　-******* 　서울특별시 서초구　　　　101동 　17××호 (　　　　아파트)

① 등기목적 : 17××호에는 소유권이전으로 등기를 했다는 뜻
② 접수/등기원인 : 등기의 접수일과 등기의원인 표시

③ 권리자 및 기타사항 : 현 소유자와 소유권 관련 인적 사항

④ 갑구에 가등기, 가처분, 예고등기, 가압류, 압류, 경매 ,신탁 등 다른 등기가 있다면 소유권 분쟁 소지를 주의해야 한다.

3. 등기부등본의 [을구] 내용

을구에는 소유권 이외 권리가 기록됐다. 저당권, 전세권, 지역권, 지상권 등의 권리가 표시된다. 읽는 방법은 갑구와 비슷하니 참고하시기를 바란다. 을구와 관련돼 실무적으로 가장 흔한 케이스가 전세계약을 체결할 때 근저당, 즉 융자가 있는 경우다. 예를 들어, 부동산 등기부등본의 을구란에 근저당권자로 은행이 채권최고액 1억 2,000만 원을 설정했다면, 실제 채권액은 대략 1억 원으로 정도라고 보면 된다. 채권최고액에는 통상 실제 채권액의 120~130%를 설정하기 때문이다. 여기서 위와 같이 근저당이 설정돼 있다면 제3자 혹은 근저당권자의 부동산 경매 시 낙찰예상금액을 따져서 전세계약을 체결해도 안전한지 확인해볼 필요가 있다.

【 을 　　구 】 (소유권 이외의 권리에 관한 사항)				
순위번호 ①	등 기 목 적	접 수	등 기 원 인	② 권리자 및 기타사항
7	근저당권설정	2012년6월11일 제133908호	2012년6월11일 설정계약	채권최고액 금300,000,000원 채무자 박

① 등기목적/접수/등기원인 : 2012년 6월에 근저당이 설정됐다.

② 권리자 및 기타사항 : 채권최고액과 채무자, 채권자에 대한 사항

4. 등기부등본을 발급받는 방법

등기부등본을 발급받으려면, 먼저 대법원 인터넷 등기소에 회원가
입하고 등기열람/발급 메뉴로 들어간다. 아파트·연립주택 같은 집합
건물의 등기부등본은 부동산의 소재 지번, 집합건물의 동·호수를 입
력하면 바로 발급된다. 권리분석도 하나의 등기부등본으로 할 수 있
지만, 단독주택은 건물 등기부등본 외에 토지 등기부등본도 같이 발
급받아야 한다. 왜냐하면, 토지의 권리관계가 명확하지 않으면 예기치
못한 피해를 입을 수 있기 때문이다.

대법원 인터넷 등기소

권리분석
진짜 진짜 쉬워

　권리분석의 대전제는 '말소기준권리'를 중심으로 해석함이 타당하다. 말소기준권리에는 어떤 권리가 있는지는 뒤에서 다시 이야기하기로 하고 용어의 뜻부터 살펴보자. 말소는 지운다는 뜻이다. 즉, 지울 수 있는가 없는가에 대한 기준이 되는 권리가 있다. '지우는 기준권리보다 먼저 성립한 권리는 인수고, 지우는 기준권리 이후에 성립된 권리는 소멸한다.' 이것이 권리분석의 대전제다. 여기서 '인수'는 낙찰자가 인수한다는 뜻이다. '소멸'은 없어진다는 뜻으로 낙찰자는 신경 쓸 필요가 없다.

　말소기준권리를 찾아내고 해석하자면 그 권리들이 기록된 공적 장부를 살펴봐야 한다. 그 공적 장부가 부동산 등기사항전부증명서(구 부동산 등기부등본) 이다. 이 등기부등본에 접수한 날짜 순서대로 권리들이 기재돼 있는데 그 순서 중에서 말소기준권리를 찾아낸다. 즉, 등기부등본에서 말소기준권리를 찾아 말소기준권리 이전에 성립한 권리들은 인수되고 말소기준권리 이후에 형성된 권리는 소멸한다.

말소기준권리를 찾는 구체적인 방법에 대해 알아보자.

1. 등기부등본 출력
2. 갑구와 을구 중 말소기준권리가 될 수 있는 권리 확인
   (근)저당, (가)압류, 가등기, 전세권, 경매 기입등기 등
3. 2의 결과를 시간순으로 나열한다.
4. 3의 결과 중 시간 순서상 가장 먼저 오는 것이 말소기준권리다. 그중 전세권이 가장 먼저라면 ①선순위 ②배당요구 ③건물 전체의 요건을 갖추면 말소기준권리가 되고, 그중 하나의 요건이라도 빠지면 말소기준권리가 되지 못한다.

이제 대전제는 이해됐을까? 말소기준권리가 될 수 있는 권리들은 어디서 찾아봐야 하는가? 그렇다. 부동산 등기부등본이다. 그럼 부동산 등기부등본에 대해 알아보자. 부동산 등기부등본은 표제부, 갑구, 을구 등 3부로 구성됐다. 표제부는 부동산의 소재지, 소속 건물 등 부동산의 정체를 밝히는 부분이다. 갑구는 부동산의 소유권과 소유권의 변동에 영향을 미치는 사항을 적는 부분이다. 소유권의 변동에 영향을 미치는 사항으로는 소유권 이전, 압류, 경매, 가처분, 가등기 등이 있다. 을구는 소유권에 직접 영향을 미치지 않는 기타 권리에 관한 사항을 적는 부분이다. 근저당권, 저당권, 전세권, 지상권 법정지상권과 같

은 것이다.

　그럼 이제 말소기준권리를 찾았다. 이 기준권리보다 앞서 성립한 권리들은 인수라고 했다. 낙찰자가 인수한다는 뜻으로, 물어줘야 한다는 것이다. 말소기준권리 이후에 성립한 권리들은 소멸이라고 했다. 즉, 낙찰자가 신경 쓸 일이 없다는 뜻이다. 우리가 공부해야 하는 핵심은 인수되는 권리가 있는지 없는지다. 권리분석은 끝났다. 권리분석의 대전제를 알았다면, 이제 예외조항만 알면 끝이다.

　선순위의 예외에는 무상임차각서가 있다. 무상임차각서는 임대인이 대출을 많이 받으려고 실제와 다르게 무상임차각서를 대출금융기관에 제출한 것으로 이는 선순위로서의 지위를 확보할 수 없다. 후순위의 권리들은 소멸이라고 했다. 그런데 예외적으로 말소 되지 않는 권리들도 있다. 처분금지가처분등기, 임차권등기, 세대 합가 등이 있다. 왜 소멸하지 않는지 살펴보자. 이 권리들의 특징은 외견상 후순위로 접수가 됐지만 후순위 등기의 이유가 선순위 권리가 있었기에 이를 기초로 형성된 권리이기에 선순위의 권리순위를 후순위의 권리순서로 보는 것이다.

　임차인의 경우 말소기준권리보다 후순위라 할지라도 소멸하지 않고 최우선적으로 배당받는 예외도 있다. 이는 서민들의 주거안정을 위해 주택임대차보호법이란 특별법에서 규정하고 있다. 일명 '새치기 권리'라고 필자는 명명한다. 최우선 변제권으로 다음과 같은 요건을 갖춰야 한다. 첫째, 경매기입등기 이전에 대항력을 갖춰야 하고, 둘째, 보증금의 액수가 소액보증금에 해당해야 하고, 셋째, 배당요구 종기일까지 배당요구 신청을 해야 한다.

여기서 대항력이란 말소기준권리보다 앞서 임대차계약을 하고 주택을 점유하고 주민등록 전입을 해야만 한다. 대항력이 발생하면 보증금을 다 받기 전에는 집을 비워주지 않아도 된다. 임차인은 대항력을 갖추고 확정일자를 받으면 우선변제권도 가진다. 말소기준권리를 기준으로 선순위가 아니어도 최우선 변제받을 수 있는 소액임차인도 주의해야 해야 할 대상이다.

그 외에도 주의해야 하는 권리에 대해 알아보자. 첫 번째로 가등기다. 가등기는 매수한 부동산의 이중매매나 강제집행 등으로 발생하는 소유권 이전을 사전에 막아 부동산의 소유권을 원활하게 이전하기 위해 등기의 순위를 확보하는 것이다. 가등기가 기재돼 있는 경우, 청구권보존가등기로서 낙찰자가 소유권 이전을 완료했다 하더라도 이후에 가등기 권리자가 가등기를 토대로 본등기를 하게 되면 낙찰자는 소유권을 상실할 수 있으니 유의해야 한다.

두 번째, 가처분은 부동산에 대한 소유권 반환, 처분금지 등 각종 청구권을 가진 채권자가 채무자의 재산은닉, 양도 등의 처분을 금지시키고, 채권자의 권리를 보호하기 위해 조치하는 등기이다. 만일 처분금지 가처분이 소멸되지 않았다면, 낙찰자가 소유권이전등기를 완료했다 하더라도 가처분에 대한 본안 소송에서 채권자가 승소할 경우 낙찰자는 소유권을 잃게 된다.

세 번째, 지역권은 타인 소유의 토지를 자기 소유의 토지 사용에 이용하는 권리다. 맹지의 경우 통행을 위해 인근 토지에 지역권을 설정해 통행할 수 있도록 계약하고 이용하기도 한다. 지역권이 소멸되지 않으면 낙찰받은 토지의 사용을 제한받을 수 있다. 통행을 위한 지역권이 설정된 경우 설정된 부분은 다른 용도로 사용할 수 없다.

네 번째, 지상권은 토지를 직접 사용할 수 있는 권리로, 지상권자를 토지 위의 건물, 교량, 터널 등을 건축해 소유하고 이용할 수 있다. 지상권이 소멸되지 않은 토지를 낙찰받은 경우 지상권이 존속하는 동안 부동산의 사용권리를 상실할 수 있으므로 주의해야 한다.

다섯 번째, 환매 등기는 채무자가 채권자에게 소유권을 이전해주고 돈을 빌려오는 경우 사용한다. 약정 기간 내에 채무자가 돈을 다 갚으면 다시 그 부동산의 소유권을 찾아올 수 있다. 환매등기가 소멸되지 않은 경우, 등기사항전부증명서상 환매권리자(채무자)가 환매대금을 낙찰자에게 지급하면 소유권을 이전해줘야 한다.

여섯 번째, 전세권이다. 전세권은 전세금을 지급하고 해당 부동산을 사용하는 권리로 최선순위 설정일자보다 선순위인 전세권자가 배당요구를 하지 않았을 경우, 전세권은 소멸되지 않고 낙찰자에게 인수된다. 이러한 경우 낙찰자가 전세권 만료 시 전세권자에게 전세금을 돌려줘야 하니 유의해야 한다.

일곱 번째, 법정지상권이 성립하는 토지를 낙찰받은 경우, 낙찰대금 완납일로부터 지상권 만료일까지 토지 사용료를 받을 수 있으나 지상권이 존속하는 동안 부동산 사용권리는 상실하게 되므로 잘 판단해야 한다. 또한 존속기간이 만료돼도 지상권자의 요청이 있으면 지상권 기간을 연장하거나 토지소유자가 지상물을 매수해야 할 수 있다.

낙찰 후 손해 보지 않도록 소멸되지 않는 권리는 꼭 숙지하기 바란다. 매각물건명세서가 가장 확실한 권리분석 방법이다. 매각물건명세서를 보면 말소기준등기, 배당요구종기일, 전입일, 확정일자, 배당요구기한 및 여부, 추가인수 여부, 특이사항 등 권리분석에서 중요한 사항들을 확인할 수 있다. 경매 격언에 '매각물건명세서를 판독할 능력이 없으면 절대 경매 투자하지 말라'라는 말이 있다. 이처럼 매각물건명세서를 보고 해석하는 능력은 중요하다.

매각물건명세서에서 꼭 확인해야 할 것은 다음과 같다.

1, 선순위 임차인의 대항력과 확정일자, 선순위임차인의배당요구 신청 여부 등 특히 등기부등본에는 임차인이 등재되지 않으므로 선순위 임차인의 위험이 있을 수 있다.
2. 근저당권보다 후순위고, 경매 개시기입등기 이전의 소액임차인이 배당요구종기일 이내에 배당신청했는지 여부
3. 등기된 부동산에 관한 권리 또는 가처분으로 매각허가에 의해 그 효력이 소멸되지 않는 권리의 여부
4. 매각허가에 의해 설정된 것으로 보는 지상권의 여부
5. 비고란에 적혀 있는 매각에 따른 특별 조항 등이 나타나 있으니 잘 숙지하고 해석한다면 권리분석의 어려움은 없을 것이다.

특수물건 경매,
대체 뭘까?

특수물건이란 용어는 어디서 나왔을까? 법원 경매에서 일반매각조건이 아니라 특별매각조건에 해당하는 물건으로 분류되기 때문이다. 특별매각조건이란 무엇인지 알아보자.

부동산의 경매에서 경락인에게 그 부동산의 소유권을 취득시키는 조건. 이 매각조건 가운데 법률에 의해 정해진 것은 법정 매각조건(최저 경매 가액의 결정, 경매 가격의 10분의 1에 해당하는 금액의 경매 보증금 결정) 등이며, 이 가운데 최저 경매 가액에 관한 것 이외의 매각조건은 경매기일에 달할 때까지 이해관계인의 합의가 있으면 변경할 수 있다. 변경된 것을 '특별매각조건'이라고 한다. 이와 같은 특별매각조건이 있을 때는 집달관은 경매 기일에 이를 고지해야 한다.

이렇듯 사전적인 의미의 특별매각조건의 물건, 즉 특수물건의 정의는 대단한 게 아니다. 우리가 말하는 특수경매는 강학상의 의미로 이

해함이 타당하다 볼 수 있다.

일반적으로 권리분석이 간단하고 누구나가 쉽게 접근할 수 있는 물건과 대조되는 개념으로, 다소 어렵고 복잡한 권리분석이 필요한 물건을 특수물건이라 칭한다. 권리분석이 어렵다고 하지만 자세히 살펴보면 충분히 해석할 수 있다. 그리고 말소기준권리를 기준으로 선순위 인수 후순위 소멸이라는 대원칙을 알고 있다면 그다지 어렵지 않다.

그럼 특수경매 물건이라 일컫는 권리들은 어떤 것이 있는지 알아보자. 그 종류는 유치권, 지상권, 선순위임차인, 지분등기, 가등기 등이 있다.

1. 유치권

타인의 물건이나 유가증권을 점유한 자가 그 물건이나 유가증권에 관해 생긴 채권이 변제기에 있는 경우에 그 채권을 변제받을 때까지 그 물건이나 유가증권을 유치할 수 있는 권리를 말한다(민법320조). 즉, 돈 받을 때까지 물건을 차지하고 있을 수 있는 권리를 말한다.

유치권이 무서운 이유는 ①등기할 수 없는 물건이다. 즉, 등기사항증명서의 열람만으로 유치권 유무를 알 수 없다는 것이다. ②배당요구종기 및 권리신고가 없다. ③배당대상이 아니다. 즉, 매수인이 인수해야 하는 권리라는 점이다.

유치권이 성립하려면 ①목적물이 타인의 물건 또는 유가증권이어야 하고, ②피담보채권이 목적물과 견련관계가 있어야 하며, ③채권이 변제기에 있어야 하고, ④유치권자가 목적물을 점유하고 있어야 하며, ⑤당사자 사이에 유치권의 발생을 배제하는 특약이 없어야 한다.

유치권의 유형으로는 공사대금, 건물 개보수, 상가점포, 공사 중단된 건물 등에서 유치권이 발생할 수 있다.

유치권을 깨트릴 방법은 ①유치권의 목적물이 타인소유가 아닌 자기소유라는 점, ②피담보채권과 목적물 간의 견련관계가 없다는 점, ③피담보채권이 존재하지 않는다는 점, ④점유요건의 결여와 유치권 배제특약 등을 들 수 있다.

한편, 유치권은 성립하나 매수인에게 대항할 수 없는 경우로는 ① 경매개시결정 기입등기 전에 공사를 완공했으나 압류(경매개시결정 기입등기) 이후에 점유를 시작한 경우, ②경매개시결정 기입등기 전에 점유를 이전받았으나 압류 후 공사를 완공해 공사대금 채권을 취득한 경우 등이다.

유치권자는 유치물의 경매권이 있으며, 법원에 청구해 유치물로 직접 변제에 충당하는 간이변제충당권을 행사할 수 있다(민법 322조). 유치권자는 우선변제권은 없으나, 경락인 등이 목적물을 인도받으려면 유치권자에게 변제해야 하므로(민사집행법 91조) 사실상 우선변제를 받는 결과가 된다.

유치권자는 유치물의 과실을 수취해 다른 채권보다 먼저 채권의 변제에 충당할 수 있는 과실수취권이 있으며(민법 323조), 유치물에 관해 지출한 필요비와 유익비의 상환청구권이 있다(민법 325조). 유치권자는 선량한 관리자의 주의의무가 있으며, 채무자의 승낙 없이 유치물의 보존을 위한 사용 이외의 사용·대여·담보제공을 하지 못한다(민법 324조).

유치권은 다른 물권과 마찬가지로 포기·혼동·목적물의 멸실 등에 의해 소멸하지만, 소멸시효에는 걸리지 않으며, 유치권에 특유한 소멸 원인으로서 유치권자의 의무위반 또는 채무자의 다른 담보의 제공에 의한 채무자의 소멸청구(민법 324조 · 327조), 점유의 상실(민법 328조)에 의해 소멸한다. 유치권의 행사는 채권의 소멸시효 진행에 영향을 미치지 않는다(민법 326조). 등기가 불가능한 이 권리는 말소기준등기보다 앞서 성립하든, 뒤에 성립하든 매수인(낙찰자)이 인수해야 한다는 점을 명심해야 한다.

2. 지상권

타인의 토지에 건물, 기타의 공작물이나 수목을 소유하기 위해 그 토지를 사용할 수 있는 물권을 말하며 1필지의 일부에도 설정이 가능하다(민법 279조).

공작물이라 함은 지상공작물뿐만 아니라 지하공작물도 포함된다. 수목은 식림의 대상이 되는 식물을 말하며, 경작의 대상이 되는 식물 (벼 · 보리 · 야채 · 과수 · 뽕나무 등)은 포함하지 않는다. 관습법상의 지상권(예: 분묘기지권 등) 또는 법정지상권 등이 있다.

보통은 당사자 간의 계약에 의해 지상권이 설정된다. 그러나 실제에 있어서 지상권에 의한 토지의 사용은 극히 드물고 주로 임대차계약에 의하고 있다. 지상권과 법정지상권, 관습법상 법정지상권의 차이는 대상에서 차이가 난다. 지상권의 대상은 건물, 공작물, 수목이고, 법정지상권은 건물과 수목에 대해서만, 관습법상 법정지상권은 건물에 대해서만 성립한다.

법정지상권의 성립요건은 ①토지에 저당권 설정 당시 건물이 존재해야 한다. ②토지와 건물의 소유자가 동일인이어야 한다. ③토지와 건물 중 어느 하나에 저당권이 설정돼 있어야 한다. ④경매로 토지와 건물의 소유자가 달라야 한다.

민법상 지상권의 존속기간은 석조·석회조·연와조 또는 이와 유사한 견고한 건물이나 수목의 소유를 목적으로 하는 때는 30년, 기타의 건물은 15년, 건물 이외의 공작물인 경우에는 5년이다. 이보다 단축한 기간을 정한 때에는 위의 기간까지 연장하며, 계약으로 존속기간을 정하지 아니한 때에는 위의 최단 존속기간으로 한다(민법 280 ·281조). 지상권자는 지상권을 양도하거나 그 존속기간 내에서 그 토지를 임대할 수 있고(282조), 지상권에 저당권을 설정할 수 있다(288조). 지상권 소멸 후에 지주에게 지상물매수청구권이 인정되며(285조), 물권적 청구권과 상린관계의 규정이 준용된다(290조 1항). 지상권자가 2년 이상 지료를 지급하지 않는 때에는 지주는 지상권의 소멸을 청구할 수 있다(287조).

3. 지분입찰물건

토지 또는 건물의 주인이 혼자가 아니라 여러 명으로 그중에 일부 지분만 경매로 나오는 것을 말한다. 건물과 토지가 함께 나오는 지분

5천만 원으로 5년 만에 50억을 만든
부동산 경매 고수의 현실적인 투자 비결

권의 종류는 ①공동소유자였던 부부의 이혼으로 그중 한 명이 위자료 또는 재산분할 청구를 한 경우, ②공동소유자였던 타인 중 한 명의 재산에 가압류 등 경매 청구가 된 경우, ③원소유자가 사망해서 여러 명이 상속을 받고, 그 중 한 명의 지분이 경매 청구가 된 경우 등이 있다.

지분물건을 꺼리는 이유는 환금성의 제약, 재산권 행사의 제약, 인도의 어려움 등을 들 수 있다. 공유지분 분석 포인트로는 지분권자의 채무가 적으면 공유자에게 넘기는 방법을 고려하고, 채무가 많은 경우, 공유물분할 청구 소송을 염두에 두고 입찰에 참여한다.

공유지분의 처분 방법 중 공유물분할 청구가 있다. 공유물분할 판결의 경매는 몇 가지 다른 점이 있다. ①공유자우선매수권이 인정되지 않는다. ②등기부등본의 근저당권이나 가압류 등 제한사항이 말소되지 않고 인수될 수도 있다. 매각물건 명세서에 특별매각조건(인수)인지 여부를 확인해야 한다. ③임의경매와 달리 형식적 경매의 피신청인(채무자)은 입찰에 참가할 수 있다. 지분물건의 가장 큰 장점은 소액으로 투자할 수 있다는 장점이 있다.

4. NPL(부실채권)

은행 등 금융기관에서 대출해준 것 중 이자가 연체돼 회수가 어려울 때 예상되는 부실채권을 NPL이라 한다. (NPL : Non Performing Loan) 금융기관이 부실채권의 비중이 과도할 때 금감원에 의해 퇴출될 수 있어서 부실채권이 쌓이면 NPL 전문업체에 팔아 버린다.

NPL 전문업체는 NPL을 인수받아 채권의 담보인 부동산을 경매에 내놓는다. 해당 물건이 낙찰되면 할인된 금액으로 NPL 채권을 산 투자자는 할인 전 채권금액으로 낙찰금을 배당받아 수익을 낼 수 있다.

5. 선순위 가등기

가등기에는 소유권이전청구권가등기(순위보전가등기)와 담보가등기가 있다. 말소기준등기 이후의 권리는 모두 소멸하는 것이 경매의 법칙이지만 드물게는 말소기준등기보다 우선하는 가등기가 있을 수 있다. 이럴 때 가등기의 내용에 따라 결과가 달라진다. 소유권이전 청구권 가등기(순위보전 가등기)라면 낙찰 후에도 말소되지 않기 때문에 낙찰자가 인수해야 하고, 최악의 경우 가등기 권리자가 본등기를 하게 되면 낙찰자의 소유권이전등기는 이중 등기가 돼 말소된다.

담보가등기는 소멸이 원칙이다. 담보가등기인지 여부를 식별할 줄 알아야 한다. ①선순위 가등기권자가 경매 신청 채권자인 경우, ②권리신고 및 배당요구한 경우는 담보가등기다.

선순위로 가등기가 설정된 물건이 경매 신청 들어올 경우 법원에서는 일단 경매 신청을 받아주지만, 본안 소송의 결과가 나올 때까지 경매 절차를 중지하게 된다. 만일 선순위 가등기인데도 경매 절차가 진행 중이라면 담보가등기(채권자가 그 채권의 담보를 위해 부동산 소유권의 가등기를 한 경우)일 가능성이 있다.

5. 가처분

금전채권 이외의 권리 또는 법률관계에 관한 보전처분으로 어떤 권리관계에서 임시로 그 지위를 정해 놓고 장래에 확정판결을 받아 집행하기 위한 처분을 말한다. 선순위의 가처분은 원칙적으로 인수한다. 매각 후 가처분권자가 본안 소송에서 승소하면 매수인은 소유권을 잃을 수 있다. 이 경우 매수인은 매각 대금을 배당받은 채권자를 상대로 부당이득 반환청구소송을 통해 받아야 한다. 제소기간 도과로 소멸할 수도 있다. 즉 채권자는 2주일 내로 본안 소송을 제기해야 하나 그 기간을 도과했다면 본안 소송의 부제기를 이유로 보전처분 취소를 할 수 있다. 선순위가처분 일지라도 시효가 지났거나, 가처분의 목적을 달성해 더 이상 존립의 근거가 없는 선순위 가처분이 의외로 많다는 점을 기억하고 적극적으로 분석할 필요가 있다.

6. 대지권 미등기

매각조건이 대지권미등기로 건물 부분만 매수인이 낙찰받은 경우, 매수인은 대지지분 소유자를 상대로 추가부담 없이 대지지분에 대한 소유권이전등기를 요구할 수 있다. 대지권은 미등기이나 대지지분가격을 포함해서 매각대금을 납부했더라도 수분양자가 대지분양대금을 미납한 경우, 매수인은 대지권등기 시 대지대금을 추가 부담해야 한다.

7. 대지권 없음

대지지분 없이 건물만 경매 나올 때 '대지권없음'이라고 한다. 토지 위에 구분건물이 건축됐다고 그 토지에 관한 대지사용권이 반드시 성립하지는 않는다. 대지사용권이 존재하기 위해서는 법률규정 또는 당사자 간 명시적, 묵시적 의사에 따라 건물이 존재하는 토지에 대지사용권을 설정하는 행위가 있어야 한다. 대지권 없음은 대지지분이 없는 아파트로 전유부분 수 분양자가 전유부분의 소유를 위해 대지를 사용할 권리가 없는 경우를 말한다. 대지권이 없는 경우는 ①분양자가 남의 땅에 건물을 지은 경우, ②분양자가 대지계약금만 주고 집합건물을 건축했으나 매매잔금을 지급하지 못해 대지의 매매계약이 해제된 경우, ③토지에 근저당이나 가압류 등이 설정된 상태에서 집합건물인 아파트나 다세대주택을 지은 경우 등이 있다.

대지권 없는 물건의 처리 방법으로는 ①토지소유자는 구분건물 소유자를 상대로 건물철거를 할 수 있다. ②구분건물 소유자를 상대로 매도청구 할 수 있다. ③구분건물 소유자가 대지지분을 매수한다.

대지권 없음을 확인하는 방법은 집합건물의 토지등기부 열람 시 토지등기부상의 소유자와 구분건물의 분양자 명의가 다르면 대지권이 없다. 대지권미등기와 대지권없음의 구분 요령은 대지권미등기의 경우, 감정평가액 중 대지분의 평가액을 포함하는 반면, 대지권 없음은 감정평가액이 건물만으로 구성됐다.

8. 토지별도등기

토지에 건물과 다른 등기가 있다는 뜻이다. 토지가 대지권으로 등기되기 전, 토지에 저당권이나 가압류, 지상권 등이 설정된 상태에서 대지권등기가 되면, 집합건물 등기사항증명서 표제부의 (대지권표시란)에 '토지별도등기 있음'이라고 등기한다. 토지별도등기권자에게 배당하는 게 원칙이다.

9. 선순위 임차인

투자포인트는 가장임차인이냐 진성임차인이냐의 판별 여부다. 가장임차인이라면 우리의 수익은 크게 증가할 것이기 때문이다. 가장임차인은 외견상 대항력 있는 임차인으로 보이나 실제는 대항력 요건 결여로 대항력이 없는 임차인을 말한다. 대항력의 요건은 주택의 인도와 주민등록이다. 그런데 무상임차인 경우가 있다. 이는 가장임차인의 전형이다.

실무에서 자주 접하는 가장임차인 유형을 보면 ①임대차계약서가 공인중개사 없이 계약한 경우 대부분 의심할 필요가 있다. ②필체가 동일한 경우, 임대차계약서는 물론이고 권리신고 겸 배당요구 신청서 등 법원에 제출된 모든 서류의 필체가 동일한 경우, ③확정일자는 두 종류로 나눈다. 보증금이 고액인 경우는 경매개시결정기입등기 임박해서 지급하고, 소액인 경우는 확정일자를 받지 않는 경우가 많다. ④ 가장임차인을 밝혀내는 핵심요소로 보증금을 들 수 있다. 인도소송

중 보증금이 오간 증빙자료(온라인 송금영수증, 은행입금영수증 등)를 요구하면 자료를 제시하지 못한다. 또한, 보증금이 시세와 맞지 않는 경우도 많다. 빌려준 돈으로 보증금으로 대체했다고 하기도 한다. 그리고 소송 시 대부분 임대차보증금 입금 내역을 입증하지 못한다. 현금으로 줬다고 말하기도 한다. ⑤임대차 관계를 살펴보면 부부, 부모와 자식, 사위와 장모, 형제, 동서, 친인척, 사장과 종업원, 임차인이 미성년자로 경제능력 없는 경우 등으로 특수관계에 있는 사람들의 임대차계약 관계는 가장임차인으로 볼 수 있다. ⑥주택의 구조를 보고 판단한다. 아파트에 2~3가구가 계약된 경우, ⑦관리비, 도시가스비, 신문대금, 우편물 등 각종 고지서가 누구 명의로 발급됐는지 확인한다. ⑧금융기관으로부터 무상거주확인서 또는 불거주확인서 등 배당배제 신청서가 제출된 경우, ⑨금융기관에서 대출 당시 주민등록상 세대가 분리돼 있지 않고 합쳐져 있으면 가장임차인으로 의심된다. ⑩임대차계약 당시 임차주택에 과도한 근저당권이나 가압류가 설정된 경우, 집행법원에서 발송한 우편물을 누가 수령 하는지도 살펴볼 필요가 있다.

지금까지 특수물건을 살펴봤다. 특수물건이라는 개념은 각자마다 다를 것으로 생각한다. 어떤 이에게는 특수하지 않은 일반물건일 수도 있고, 그렇지 않은 사람도 있을 수 있다. 우리 독자들은 특수하지 않기를 바란다.

경매 수익의 핵심
대출

경매에서 수익률을 결정하는 중요한 요소는 대출금이 얼마냐에 따라서다. 대출은 개인의 신용과 규제지역에 따라 많은 차이가 발생한다. 자세한 내용은 뒤에서 더 살펴보겠다. 경매 법정을 나서면 대출중개인들이 명함을 나눠준다. 대출중개인이 명함을 주면 우리도 명함을 교환해 되도록 전화번호를 알려주는 것이 좋다. 그분들이 대출에 관한 정보를 수시로 제공해주기 때문이다.

부동산 경매에서는 낙찰을 받은 경우, 경락잔금대출이 70~90%까지도 나오기 때문에 내 자본은 10~30%만 있어도 된다. 물론 주택의 경우 지역에 따라 한도는 달라진다. 보통 주택 경락잔금대출은 LTV 40~70%가 통상적인데 규제지역과 비규제지역에 따라 다르다.

전 정권에서 서울 및 수도권 등 아파트 가격 상승을 억제하기 위해 각종 규제를 했다. 그래서 서울 전 지역과 경기도와 인천 일부 지역도 투기과열지구로 지정돼 부동산 대출 한도와 조건은 더욱 까다로워졌다. 다주택자와 15억 원을 초과하는 아파트는 아예 대출을 받을 수 없는 상태가 됐다. 규제지역에서 경매나 공매로 낙찰받는 경우에도 일반 매매와 동일한 규제를 받는다.

2023년 1월 3일에 부동산 규제완화대책이 발표됐다. 2023년 가장 큰 이슈는 서울 일부 지역(강남, 서초, 송파, 용산구) 딱 4개 구를 제외하고, 모든 지역의 부동산 규제가 풀린 것이다. 정부는 얼어붙은 부동산 시장을 녹이고 시장변화에 부응하는 부동산 시장 정상화를 위해 부동산 규제를 완화했다. 규제지역이 해제되면서 분양가 상한제, 중도금 대출, 실거주 의무 등도 함께 폐지됐다. 사실상 2017년 정부정책으로 되돌아갔다고 볼 수 있다.

1·3대책의 주요 내용

1. 규제지역 해제
2. 민간택지 분양가 상한제 적용 지역 해제
3. 전매제한 완화
4. 수도권 분양가 상한제, 주택 실거주 의무 폐지
5. 중도금 대출 보증 분양가 기준 폐지
6. 취득세 중과 완화
7. 종부세 중과 폐지 예정
8. 양도세 완화

5천만 원으로 5년 만에 50억을 만든
부동산 경매 고수의 현실적인 투자 비결

경락잔금대출과 주택담보대출

무주택 LTV 70%, 다주택 LTV 60%

1. LTV(주택담보 인정비율) : 보통 집 가격 기준 70%까지 대출 가능. 지역마다 차이가 있음.

2. DTI(총부채 상환비율) : 소득 기준, 예를 들어 DTI 40%이면 연봉 1억 원일 때 4,000만 원까지 대출 가능. DTI=(주택대출 원리금 상환액 + 기타 금융부채 이자 상환액)/연간소득

3. DSR(총부채 원리금 상환비율): 기존 본인 명의의 모든 대출을 포함해서 산출함.

DSR=(주택대출 원리금 상환액 + 기타 대출 전부의 원리금 상환액)/연간소득

특례보금자리론

2023년 1월 30일부터 특례보금자리론 신청을 받고 있다. 소득이 기존 보금자리론(7,000만 원 이하)과 달리 소득제한은 없다. 자금 용도는 주택 구입, 기존 대출 상환, 임대차 보증금 반환 등 총 3가지 용도로 구분되며, 무주택자와 1주택자가 신청 가능하다.

− 금리 상승기 4%대 고정금리 모기지론 공급으로 주거안정망 확충

주택가격 6억 원 이하 & 부부합산 소득 1억 원 이하 : 4.65~4.95%

주택가격 6억 원 초과 또는 소득 1억 원 초과 : 4.75~5.05%

차주특성별로 하되 시장금리 상황과 주금공 가용재원 등을 고려

해 필요할 경우 조정 예정

지원대상 : 주택가격 9억 원 이하 주택

(KB 시세 〉 한국부동산원 시세 〉 주택공시가격 〉 감정평가액 순으로 적용)

구분		LTV	DTI
규제지역 외 지역 실수요자 요건 해당	아파트	70%	60%
	기타 주택	65%	
규제지역	아파트	60%	50%
	기타 주택	55%	

경매 입찰자 중 간혹 자세히 확인하지 않고 경매 낙찰받은 경우, 대출이 나오지 않아 고금리의 P2P 업체를 이용하거나 보증금을 떼이는 대금 미납 케이스도 종종 발생한다. 따라서 본인의 여건에 맞는 한도와 조건을 체크하고 경매 입찰을 해야 한다.

1주택자는 기존 주택 처분 약정 시 조건부로 가능하고 다주택자는 아예 대출이 불가능하다. 규제지역 내 아파트 등 주거용이 아닌 상가, 빌딩, 공장, 토지 등은 여전히 최대 70~85%까지 가능하다.

비규제지역의 종별 경락잔금대출 한도는 아래와 같다.

▶아파트 : 시세의 70% 또는 낙찰가 80% 중 낮은 금액 적용(KB시세가 없는 경우 감정가 기준)

▶빌라, 주택 : 감정가 70% 또는 낙찰가 80% 중 낮은 금액(각 방 공제 적용)

▶다가구주택 : 감정가 70% 또는 낙찰가 80% 중 낮은 금액(각 방 공제 적용)

▶상가주택 : 감정가 70% 또는 낙찰가 80% 중 낮은 금액

주거부분 주거대출 적용 (주택 수 증가) + 상가 부분 상가대출 적용

▶비거주용(오피스텔, 상가, 근린시설, 공장, 숙박시설, 토지 등)

감정가 70% 또는 낙찰가 80% 중 낮은 금액, 낙찰가가 낮은 경우

최대 85%

대출에 따라 수익률에 큰 차이가 발생한다. 따라서 수익형 부동산의 수익률 계산 방법에 대해 알아보는 건 중요하다. 상가나 사무실 등과 같이 임대해주고 임대수입을 얻을 수 있는 수익형 부동산에 투자를 진행할 때는 투자 대비 어느 정도의 수익률이 나오는지가 굉장히 중요하며 또 기본으로 알아봐야 한다. 요즘은 앱이나 인터넷을 통해 간단하게 숫자만 입력하면 계산되기는 하지만, 수익형 부동산을 운영하면서 적정 임대료 및 보증금, 수익률 등을 객관적으로 판단하고 다시 한 번 짚어보기 위해서는 계산 방법을 정확하게 알고 있는 것이 좋다.

수익률 계산 방법

수익률을 계산할 때는 쉽게 투자금 대비 임대료로 계산하면 된다. 투자금이 온전히 자기자본일 경우의 계산식으로 여기서 대출을 받게 된다면 다음 계산식을 참고하면 된다.

$$수익률 = \frac{연\ 임대료(월\ 임대료 \times 12)}{투자금(매매가\ or\ 분양가 - 보증금))} \times 100$$

예) 매매가 10억 원 / 보증금 1억 원 / 월 임대료 500만 원 계산

= [(500만 원 × 12) / (10억 원 - 1억 원)] × 100

= [6,000만 원 / 9억 원] × 100 = 6.66%

대출을 받았을 때 수익률은 어떻게 계산하는지 알아보자.

$$수익률 = \frac{연\ 임대료(월\ 임대료 \times 12) - 대출이자(년)}{투자금(매매가\ or\ 분양가 - 보증금) - 대출금} \times 100$$

위와 같은 공식에서 분모에는 대출금을 / 분자에는 대출이자를 빼주면 된다.

예) 매매가 10억 원 / 보증금 1억 원/ 월 임대료 500만 원 / 대출금 5억 원 / 연이율 5% 계산

= {[(500만 원 × 12) - (5억 원 × 0.05)] / (10억 원 - 1억 원 - 5억 원)} × 100

$$= [(6,000만 원 - 2,500만 원) / 4억 원] \times 100$$

$$= (3,500만 원 / 4억 원) \times 100 = 8.75\%$$

레버리지 효과 또는 지렛대 효과

두 계산식을 비교했을 때 같은 투자금과 보증금, 월 임대료지만 투자금 내의 자기자본 비율이 얼마나 되는지와 대출을 얼마나 받는지에 따라 자기자본 수익률이 달라진다. 이렇게 대출이나 다른 방법의 자금 융통을 통해 자기자본 투입률을 줄여서 자기자본 대비 수익률을 극대화하는 효과를 레버리지 효과 또는 지렛대 효과라고 한다.

그런데 레버리지 효과와 지렛대 효과가 항상 좋은 점만 있는 것은 아니다. 부동산 투자를 진행하면서 발생할 수 있는 여러 위험성에 의해 오히려 더 많은 손해를 감수해야 할 수도 있다. 공실의 위험부터 시장의 위험, 금융의 위험 등등 공실이 발생하거나 임대료가 줄어들고, 금리가 상승하는 등의 많은 위험이 발생하게 되면 그만큼 더 큰 손해를 볼 수도 있다. 따라서 투자를 진행할 때는 여러 위험성을 체크해보고 줄이고 피할 수 있다면 그렇게 하는 것이 최선이며, 공격적으로 투자할지 보수적으로 투자할지를 잘 검토해보고 선택하는 것이 중요하다.

LTV 비율 = (대출가능 금액 ÷ 주택가치) × 100

구분	투기지역·투기과열지구			조정대상 지역			기타지역	
	LTV		DTI	LTV		DTI	LTV	DTI
	주택 가격	비율		주택 가격	비율			
2주택 이상 보유세대	대출 불가						60%	
1주택 보유세대								
1주택 보유세대 (예외)	15억 원 초과	0%	40%	9억 원 초과	30%	50%	×	×
	9억 원 초과 ~15억 원 이하	20%						
	9억 원 이하	40%		9억 원 이하	50%			
무주택세대	15억 원 초과	0%	40%	9억 원 초과	30%	50%	70%	
	9억 원 초과 ~15억 원 이하	20%						
	9억 원 이하	40%		9억 원 이하	50%			
서민실수요자	50%		50%	60%		60%	×	

DTI 계산식

$$DTI\ 비율 = (연간\ 대출상환액 \div 연간소득) \times 100$$

DSR 계산식

$$DSR\ 비율 = (연간\ 모든\ 대출상환액 \div 연간소득) \times 100$$

3장

왕초보!
바로 써먹는 경매의 기술

경매 지식과 경매 지혜로
돈 버는 방법은 다르다?

경매 지식과 경매 지혜는 어떻게 다를까? 먼저 지식과 지혜의 사전적 의미를 알아보자. 지식(知識, knowledge)은 어떤 대상에 대해 배우거나 실천을 통해 알게 된 명확한 인식이나 이해를 말한다. 지혜(智慧, wisdom)는 사물의 이치를 빨리 깨닫고, 사물을 정확하게 처리하는 정신적 능력을 말한다.

지식과 지혜에 대해 아인슈타인은 '지식은 학교 교육의 결과지만 지혜는 평생을 통해 분투노력으로 얻은 체험적 깨달음이다'라고 말했다. 아인슈타인의 말을 해석해보면, 학교에서 주로 가르치고 배우는 것이 지식이다. 물론 학교에서도 지식을 바탕으로 교우들과의 관계 속에서 지혜를 배우기도 한다. 지식은 인터넷에서 검색해서 얻어지기도 한다. 지식은 주로 편안한 상태에서 머리로 습득하는 것을 말한다. 지혜는 대체로 고통과 난관 속에서 온몸으로 부딪혀 깨달아 습득한다. 지식에 삶의 경험과 깊은 사고력이 더해져 지혜가 된다.

많이 넘어져 본 사람은 자기만의 특유한 삶의 체험적 지혜를 지니고 있다. 넘어져 보지 않고 빠르게 터득한 지식은 결정적인 순간에 딜레마를 탈출하거나 복잡한 문제를 순간적으로 해결할 수 있는 지혜는 부족하다. 똑똑한 전문가, 책상 지식으로 무장한 인재들은 양산되고 있지만, 이들에게 체험적 교훈으로 터득한 삶의 지혜는 부족하다. 지식은 책에서 배우는 것이지만, 지혜는 삶에서 직접체험을 통해 체득하는 것이다. 지식이 아무리 빠르게 양적으로 축적돼도 몸의 체험적 고통이 가미되지 않으면 질적으로 성숙되지 않는다.

지식은 논리의 산물이지만 지혜는 경험이 축적되면서 체득한 시행착오의 산물이다. '헛똑똑이'라는 말이 있다. 그 말은 지혜는 없고, 단순한 지식만 많이 갖춘 사람을 두고 하는 말이다. 지혜가 있는 사람은 얼마 안 되는 지식을 활용해 엄청난 결과물을 가져올 능력이 있다. 우리는 '경매 헛똑똑이'가 되지 말자.

경매 공부를 한다고 하면 경매와 관련된 지식, 법령, 절차, 법률용어 등을 배운다고 착각하는 사람들이 많다. 이렇게 경매 지식만을 배우려하는 사람들의 특징은 경매 제도와 법령만 알면 경매를 잘하고 돈을 벌 수 있으리라 여긴다는 것이다. 절차적인 지식만을 알면 경매를 다 안다고 여기는 우를 범한다. 우리가 중요하게 생각해야 하는 것은 단순한 경매 지식이 아니라 경매로 돈을 버는 방법, 즉 경매 지혜를 익히는 것이다. 경매 절차에서 발생하는 여러 가지 경우의 수를 어떻게 해석하느냐의 문제에 집중해야 한다. 경매의 방법에만 치중할 게 아니라 문제의 해결에 방점을 찍어야 한다. 경매가 실행됐다는 것은 문제가 발생해 해결하는 과정을 의미한다. 이렇듯 경매는 태생적으로 문제의 발생이 내포돼있다. 따라서 지식을 바탕으로 문제해결능력 키우는 게 경매 지혜를 향상하는 지름길이다.

예를 들어 '법정지상권'에 대한 성립 여부를 판단하는 것은 지식이다. 지식을 중요하게 생각하는 사람들은 법정지상권의 성립요건에서 소유자의 동일인 여부, 건물의 실제 존재 여부, 토지와 건물소유권이 달라진 여부 등을 따지기만 한다. 그들은 법정지상권이 낙찰자의 소유권을 제한한다는 지식만 가지고 판단해 법정지상권이 성립되는 물건은 아예 입찰하지 않으려고 한다. 이러한 사례는 소위 특수 경매 물건이라 일컬어지는 유치권, 가등기, 지분경매 등에서 자주 볼 수 있다.

반대로 경매 지혜로 돈을 버는 사람들은 법정지상권의 성립 여부를 그리 중요하게 생각하지 않는다. 법정지상권의 법적 효력뿐 아니라 그 법적 효력이 상대방에게 어떻게 작용하는지와 미래가치를 분석해 문제해결에 집중한다. 그들은 문제해결에 집중함으로 돈을 버는 본질에 충실한다. 법정지상권이 지금 당장 소유권은 제한하더라도 법정지상권자와 협력방안 등을 연구하고 장기간 보유한다고 가정했을 때 그 물건을 낙찰받는 것이 이득일지를 계산하는 것이다. 이러한 경험이 이뤄져 경매 지혜가 향상된다.

이 둘의 가장 중요한 차이는 투자의 관점을 '법정지상권', '부정적인 물건의 하자'에 맞춘 건지 '돈'과 '긍정적인 문제해결'에 맞춘 건지다. 즉, 지식에만 관점을 두고 지혜는 무시하는 처사라고 볼 수 있다. 경매에 가장 중요한 것은 물건의 미래가치를 분석하는 일이다. 지식을 중요하게 생각하는 이들은 미래가치분석은 등한시한 채 지식습득에 몰두한다. 그리고 지식을 많이 알고 있으면 언젠가 자신이 큰돈을 벌 수 있으리라 착각한다. 경매 지식과 경매로 돈을 버는 것은 다르다. 우리는 부동산 경매 투자하는 방법을 배우는 게 아니라 부동산 경매로 돈 버는 방법을 배운다는 점을 명심해야 할 것이다.

법정지상권 투자의 실제 사례를 소개해본다. 내게 수강한 수강생 사례다. 수강생 P는 준공이 완료되지 않은 신축건물의 대지만 경매로 나온 물건을 3억 원에 낙찰받았다. 법정지상권이 인정되는 물건이었고, 당연히 지료청구를 했다. 지료가 연체되기 시작하자 P는 건물철거 소송을 하게 돼 철거에 이르게 됐는데 건물주와 협상해 건물을 헐값인 2억 원에 매수했다. 건물 준공 후 10억 원의 분양으로 5억 원의 수익을 보게 됐다.

이번에는 단순히 경매 지식에 매몰되지 않고 본인의 장사 노하우를 접목시켜서 지혜롭게 경매 물건을 낙찰받고 전략적으로 매도한 후배 L의 사례다. L은 여러 가지 자영업을 오랫동안 한 후배다. L이 내게 경매를 배우러 왔는데 6개월 정도를 가르쳐 줬더니 3년 전부터는 혼자 경매를 보러 다닐 수 있는 정도의 실력이 됐다. 가끔 권리분석을 묻기는 하지만 충분히 혼자서 할 수 있는 정도의 실력이 갖췄다. 그런데 L은 남들이 잘 보지 않는, 소위 상권이 형성되지 않은 점포를 싸게 매수한다. 그래서 본인의 장사 노하우를 바탕으로 그 점포를 살려내는 것이다. 그러고는 비싸게 매도하는 전략으로 경매에 임하고 있다. L의 출구전략은 자신의 '장사 노하우'였던 것이다. 이렇듯 출구전략은 각자만의 고유한 능력과 경험이 바탕이 된다. L이 입지를 정하는 기준은 도시기본계획에 향후 인구가 늘어나는 동네지만 상권이 형성되지 않은 동네를 선정한 것은 당연한 결과다.

우리가 실력이 있다고 해서 꼭 수익과 비례하는 것은 아니다. 우리의 실력은 세월이 지남에 따라 실수와 경험을 통해 늘어나기 마련이다. 그렇다고 수익과 비례해 실력이 느는 만큼 수익도 느는 것은 아니다. 경매 지혜를 터득해 실수를 줄이고 미래가치를 볼 줄 아는 혜안을 가져야만 수익이 늘어날 수 있다.

욕심을 내면 큰 손해를 보게 된다. 그리고 이렇게 큰 손해는 당신으로 해금 경매장을 떠나게 할 것이다. 손해를 봐도 수익을 봐도 꾸준히만 하면 경매 지혜가 늘어날 수 있는데 경매장을 아예 떠나 버리니 이런 선순환도 끊길 수밖에 없다. 무엇보다 끊어진 선순환이 가장 큰 손실이다. 경매장을 떠나면 더 이상의 기회는 없기 때문이다.

부동산 경매 공부를 시작하고 조급하게 빨리 경매 낙착을 하나 받아봐야겠다고 생각하는 사람들이 많다. 물론 앞에서 말한 것처럼 경험해보는 것은 중요하며 때로는 실수를 통해서 배우기도 한다. 그러나 항상 선배들에게 최대한 많은 자문을 구해보기를 바란다. 점검하고, 확인하고, 묻고, 발로 걸으며 천천히 조심스럽게 들어가야 한다. 그리고 무리하게 않게 투자해야 한다. 경매 지식에만 매몰되지 말고 자기 자신에 대한 '확인'을 바탕으로 항상 점검하고 확인하면서 경매 지혜를 넓혀 나가길 바란다.

좋은 물건을 콕 찍어 고르는
안목을 기르자

'안목'의 사전적 정의를 보면 사물을 보아서 알고 분별하는 견식을 말한다. 보아서 안다는 건 지극히 단순하다. 그러나 분별한다는 것은 세상 물정에 대한 바른 생각이나 판단을 말한다. 즉, 부동산에 대한 판단을 하려면 손품, 발품, 뇌품 등 복잡한 과정을 통해 분별해 내야 한다. 안목을 기르기 위해서는 시간과 부단한 노력이 수반된다. 손품, 발품, 뇌품을 길러야 하고 심품도 곁들인다면 좋은 안목을 기를 수 있다. 손품과 발품, 뇌품에 대해서는 앞서 본문에서 상세히 기술해 놓았고 체크리스트도 소개해 놓았으니 참고해보기 바란다. 앞서 소개한 자료 이외에 경매에서 좋은 물건을 찾는 방법에 대해 기술하자면 다음과 같다.

경매에서 좋은 물건 찾는 안목을 키우는 방법은 우선 많은 물건을 검색하고 분석해봐야 한다. 하루 100개씩 물건을 보고 그중 가치가 있다고 판단되는 10개의 물건을 분석해보면 익숙해지고 속도가 난다. 분석하다 보면 자주 만나는 문제들이 친숙해지고 관련 문세들이 보이기 시작한다. 그 문제는 반복되고 있음을 알 수 있다. 문제 있는 물건인데도 누군가는 왜 낙찰을 받는 것일까? 하자 있다고 판단되는 물건을 낙찰받은 물건에 대해 자세히 분석해보면 해답이 보이기 시작한다.

꾸준히 하면 좋은 물건이 눈에 들어오기 시작한다. 모르는 것도 자주 보다 보면 익숙해지고 그 익숙해짐이 물건 보는 안목을 높여 줄 것이다. 반복적으로 물건을 보다 보면 안목이 생긴다. 아주 단순한 원리다. 노력 없는 결과물은 없다. 반복 없는 숙달이란 존재하지 않는다. 우리가 좋은 경매 물건을 보는 안목을 가지기 위해서는 일단 물건을 많이 보는 것 이외 다른 것은 없다. 물건 검색일지를 작성해 보길 권장한다. 지속성을 가지고 꾸준히 하는 게 무엇보다도 중요하다.

다음으로 안목을 넓혀 나가기 위해서는 본인의 기준을 세워 충실히 기준에 합당한 물건을 지속해서 검토해야 한다. 즉 본인의 목적, 금액, 이익 회수시기 등 잘 따져보고 그 기준에 합당한 물건을 살펴보라.

다음으로 살펴볼 것은 '직주근접'이다. 일자리가 갖춰지지 않은 부동산은 가치가 없다. 따라서 직주근접에 해당하는 부동산을 찾아내어야 한다. 부동산 가격과 가장 밀접한 영향을 미치는 요인 중 하나가 일자리 수다. 얼마나 많은 일자리가 해당 지역에 있는지와 직주근접은 부동산 가격에 긍정적인 영향을 주고 있다. 여러 가지 방법이 있지만, 오늘은 '크레딧 잡(https://www.kreditjob.com)'이라는 사이트를 통해서 전국의 일자리 숫자를 확인하는 방법을 확인해보자.

크레딧잡에 접속해 기업 현황을 검색하면 전국 일자리 개수는 약 1,000만 개인데, 그중 서울은 355만 개, 약 36% 경기도는 230만 개, 23% 인천은 40만 개 4%, 합계 62%라는 걸 알 수 있다. 수도권에 사람이 몰리고 부동산 가격이 상승하는 이유가 여기에 있다.

다음은 경매 매각률로 보는 좋은 경매 물건 고르는 안목에 대해 알아보자. 경매 매각률은 생각보다 높지 않다. '매각률'이란, 경매장으로 들어온 전체 부동산 중에서 매각허가결정으로 매수인이 대금을 완납한 건수의 비율을 말하는 것으로, 대법원 자료에 따르면 일반적으로 매년 35~40% 수준에 머물고 있다. 이는 약 60% 이상이 매각허가결정에도 이르지 못하고 어떤 사정으로 중간에서 사라진다는 것이고, 경매물건을 피상적으로만 분석하고 접근할 경우에는 '닭 쫓던 개 지붕 쳐다보는 꼴'이 될 수도 있음을 시사한다.

현장조사, 공부조사, 법원 기록조사 등 응찰에 앞서 기울여야 할 노력과 소요 비용이 상당함은 사실이다. 그런데도 최소한의 분석도 없이 곧바로 실행에 옮긴다는 것은 무모한 짓이다. 경매 물건에 대한 가치와 권리관계에 집중하기 전에 우선 아래에서 설명한 사항들을 종합적으로 점검해본다면 좀 더 효율적인 좋은 물건을 고르는 안목이 생길 것이다. 그러면 어떤 물건을 검색해야 온전히 내가 낙찰받을 수 있을까? 아래의 물건들을 검색해본다면 안목을 높일 수 있을 것이다.

첫째, 경매 실행 채권자의 청구금액이 많아야 한다. 어느 경우라도 청구채권액이 많지 않으면 변제로 인해 도중에 경매 절차가 취소나 취하될 가능성이 크기 때문이다.

둘째, 선순위 저당권의 피담보채권액이 많아야 무난하다. 경매실행 채권자의 청구채권은 비록 소액이라도 앞선 저당권자의 피담보채권액이 많다면 채무자가 경매실행채권자의 채권을 변제할 가능성이 그만큼 낮을 수밖에 없다. 이는 경매실행채권자의 채권을 변제해도 다액의 선순위 채권자가 다시 경매를 실행할 가능성이 있기 때문이다.

셋째, 권리관계가 복잡해야 한다. 채무자도 적극적으로 대응할 처지가 못 되는 경우가 많기 때문이다.

넷째, 설정된 총금액이 부동산 가치를 훨씬 능가하면 더욱 무난하다. 설정된 총액이 많을수록 채무자가 부동산을 포기할 가능성은 더 크기 때문이다.

다섯째, 잉여문제도 고려해야 한다. 무잉여가 될 경우, 매각허가결정을 받을 수 없기 때문이다.

다음은 땅에 대한 안목을 높일 방법에 대해 알아보자.

어떤 땅이 좋은 땅일까? 지적법에서는 땅을 28가지로 구분해 놓고 있고, 국토계획법은 그 용도에 따라 도시지역, 농림지역, 관리지역, 자연환경보전지역 등 크게 네 가지로 구분하기도 한다. 땅은 그 위치와 모양과 형태가 가지각색이기 때문에 한마디로 말하기는 어렵다. 목적이나 용도에 따라 중점적으로 봐야 하는 포인트가 다를 수도 있다. 그러나 일반적으로는 건축물이 없고 장차 개발하고 이용할 수 있는 나대지나 논, 밭, 산 등을 이야기한다. 이런 관점에서 일반적으로 꼭 알아둬서 좋을 사항을 10가지로 정리해본다.

첫째, 땅을 볼 때는 목적을 가져야 한다. 목적에 따라 구입해야 할 땅이 다르기 때문이다.

둘째, 땅의 주변환경은 매우 중요하다. 혐오시설, 집성촌 등이 있는지 살펴봐야 한다.

셋째, 땅에 있어서 아마도 가장 중요한 것은 위치, 접근성과 도로일 것이다.

넷째, 땅의 물리적인 현황을 살펴야 한다. 땅의 모양, 형태, 방향, 토질 등을 보자.

다섯째, 땅의 소유권이나 이용권 등에 관한 권리관계는 구입 시 필수적인 점검 사항이다. 권리관계가 복잡한 것이 유리할 때도 있다. 경매에선 유찰 가능성이 크기 때문이다.

여섯째, 땅에 관련된 공법적 제한과 규제의 내용을 파악하고 있어야 한다.

일곱째, 땅의 개발 가능성과 전망을 살펴야 한다.

여덟째, 결점이 없는 땅은 없다. 세상에 완벽한 사람 없듯이 땅도 완벽한 땅은 없다. 한두 가지의 결점은 다 있기 마련이다. 이 결점을 어떻게 해결하느냐에 따라 하수와 고수의 차이가 있다.

아홉째, 땅값은 따로 없다. 땅값은 정찰제처럼 정해진 게 없다. 위치에 따라, 매도자, 매수자의 사정에 따라, 주위의 여건에 따라 가변적이기에 협상력으로 좋은 가격에 매수할 수 있다.

열 번째, 결론적으로 목적에 적합한 땅을 사야 한다.

이상에서 좋은 물건을 고르는 안목에 대해 하루 100건의 물건 검색하기. 직주근접, 내각율, 땅에 내해 살펴봤다. 거기에 본인의 기준을 세워 그 기준에 충실하게 맞는 합당한 물건을 지속적으로 검토해야 한다. 즉 본인의 목적, 금액, 이익 회수시기 등 잘 따져보고 그 기준에 합당한 물건을 살펴보자.

각종 권리 뽀개기

경매를 잘하고 싶다면, 먼저 용어 정의를 잘 이해해야 한다. 경매와 관련한 각종 권리에 관한 정의를 명확히 모르고는 경매의 권리분석에 낭패하기 쉽다.

각종 권리의 정의를 살펴보자. 경매 절차에서 대부분 권리는 민법상 권리다. 민법상 권리는 크게 ①물권과 ②채권으로 나눈다. 물권은 특정한 물건을 직접 지배해 배타적 이익을 얻는 권리이고. 채권은 특정인이 다른 특정인에 대해 채권자가 채무자에게 특정한 행위, 즉 급부를 청구할 수 있는 권리다.

물권법에는 물권 즉 소유권과 같은 물건에 대한 직접적·배타적인 지배권을 다룬다. 채권법에서는 어떤 사람(채권자)이 다른 사람(채무자)에 대해 일정한 행위를 요구하는 법률관계를 다룬다. 로마 시대는 물권법이 '물건의 법'이라 불리고 채권법이 '사람의 법'이라 불렸다. 채권법

법률			권리의 종류	등기부 표시 여부
민법상 권리	물권	완전물권	소유권	표시
		제한 물권 (용익물권 사용수익)	지상권	표시
			지역권	표시
			전세권	표시
		제한 물권 (담보물권 처분제한)	유치권	미표시
			(근)저당권	표시
			권리질권	표시
		관습법상 물권	관습법상 법정지상권	미표시
			분묘기지권	미표시
	채권		환매권	표시
			임차권	표시(미표시 존재)
주택(상가건물)임대차보호법상 권리			선순위 임차권	미표시
			임차권등기명령 임차권	표시
절차법상의 권리			가압류 등기	표시
			가처분 등기	표시
			가등기	표시
공법상의 권리			압류등기	표시
			환지등기	표시

에서는 언제나 어떤 사람과 어떤 사람과의 사이의 법률관계가 문제 된다. 양자의 차이는 법률적으로는 채권법이 원칙적으로 임의법규라는 형태에서 나타난다. 임의법규(任意法規)는 대한민국 민법의 개념으로 당사자의 자치가 허용되는 법규로 사회질서와 관련이 없다. (민법 105) 강행법규와 대비되는 개념이다.

물권은 다시 ①완전 물권, ②제한물권, ③관습법상 물권으로 나뉜다. 완전 물권은 소유권을 말한다. 즉 물건에 대해 사용, 수익, 처분의 기능을 완전하게 행사할 수 있다. 제한물권은 용익물권과 담보물권으로 나뉜다. 처분에 제한이 있고 사용하고 수익만 할 수 있는 물권을 용익물권이라 하고, 처분의 제한이 있고 담보제공의 기능을 가진 물권이 담보물권이 있다. 용익물권에는 지상권, 지역권, 전세권이 있다. 담보물권에는 유치권, 저당권, 권리질권 등이 있다. 관습법상 물권은 관습법상의 법정지상권, 분묘기지권 등이 있다. 채권에는 ① 환매권, ② 임차권 등이 있다.

그럼 각각의 권리에 대한 정의를 알아보자.

1. 지상권: 타인소유의 토지에 건물 기타 공작물 또는 수목을 소유하기 위해 토지를 사용하는 권리다.
2. 지역권: 소유권이 없는 자가 제한적으로 토지를 이용할 수 있는 권리를 말한다. 보통 일정한 목적을 위해 타인의 토지(승역지)를 자기 토지(요역지)의 편익에 이용하는 권리를 말한다.
3. 유치권: 타인의 물건이나 유가증권을 점유한 자가 그 물건이나 유가증권에 관한 채권 전부를 변제받을 때까지 그 물건이나 유가증권을 유치해 채무자의 변제를 심리상으로 강제하는 민법의 법정 담보 물권이다.
4. 저당권: 채권자가 채무자 또는 제3자(물상보증인)의 채무 담보로 제공한 부동산, 또는 부동산 물권(지상권·전세권)을 인도받지 않고 다만 관념상으로만 지배해 채무의 변제가 없는 때에 그 목적물로부

터 우선변제를 받는 권리를 말한다(대한민국 민법 제356조).

5. 질권: 채권자가 그의 채권의 담보로서 채무자의 물건을 수취해 채무의 변제가 있을 때까지 채무자 또는 제3자(물상보증인)로부터 받은 물건(또는 재산권)을 점유하고, 유치함으로써 채무의 변제를 간접적으로 강제하는 동시에, 채무의 변제가 없는 경우에는 그 목적물로부터 다른 채권자에 우선해 변제받는 권리를 말한다(민법 제329, 345조). 이는 원칙적으로 부동산 이외의 재산권에 성립되는 약정담보물권이다. 유치권처럼 법으로 정해진 담보물권이 아니라 당사자의 계약으로 성립되므로 약정담보물권이라고 불린다.

6. 관습법상 법정지상권: 매매 등의 원인으로 건물 소유자와 토지 소유자가 달라진 경우에 판례상 인정되고 있는 법정지상권을 말한다.

7. 분묘기지권: 다른 사람의 땅 위에 무덤을 세운 사람에게 관습법으로 인정되는 지상권, 유사 용익물권을 말한다. 분묘기지권은 당사자의 설정 합의에 의하는 것이 아니라 관습법상 인정되는 법정 용익물권으로 등기를 요건으로 하지 않는다(제187조).

8. 환매권: 원소유자가 매도했거나 수용당한 재물을 다시 매수할 수 있는 권리를 말한다. 형성권이므로 환매의 의사표시를 함으로써 매매계약이 성립하게 된다. 그리고 매매계약의 법률효과로서 환매권자는 사업시행자에 대해 소유권이전등기 청구권을 갖게 된다.

9. 주택(상가건물)임대차보호법상의 권리: 임차권등기는 임대차계약이

만료된 후 보증금을 돌려받지 못한 경우 임차인이 단독으로 등기할 수 있도록 함으로써 거주이전의 자유를 보장하기 위해 주택임대차보호법으로 제정됐다. 임차인이 전세금을 돌려받지 못하고 이주할 때 법원에 임차권등기명령 신청하면 임차된 주택에 살지 않고 주민등록을 옮기더라도 대항력을 유지할 수 있고 전세금을 우선해 돌려받을 수 있게 된다.

10. 절차법상의 권리: 가압류, 가처분, 가등기, 예고등기

11. 가압류: 채무자의 재산을 압류해 현상을 보전하고, 그 변경을 금지해 장래의 강제집행을 보전하는 절차

12. 가처분: 법원의 재판으로 어떤 행위를 임시로 요구하는 것.

13. 가등기: 부동산 등기법 제3조에 따라 장래에 행해질 본등기에 대비해 미리 그 순위보전을 위해 하는 예비적 등기를 말함. 이 가등기가 행해진 후 본등기가 이뤄지면 본등기의 순위는 가등기의 순위로 소급됨.

14. 공법상의 권리 : 압류등기, 환지 등기

15. 환지 등기: 구획정리방식의 도시개발사업에서 환지 교부 공고를 한 후, 시행자의 신청 또는 촉탁에 따라 일괄적으로 하는 등기를 말한다. 도시 토지가 아닌 농경지 정리 사업에서는 정비사업 시행자가 인가받은 때 지체 없이 해당 환지처분과 관련된 토지 및 건물의 등기를 촉탁하며, 이미 등기된 토지의 표시를 변경할 필요가 있을 때 토지소유자를 갈음해 변경등기를 촉탁해야 한다.

이상의 권리들을 잘 숙지하고 개념 정의를 명확히 하길 바란다. 용어의 정의를 명확히 하년 권리분석이 보이고, 경매 흐름 파악에 유리하다. 독자 여러분의 성투를 기원한다.

박카스 한 병으로
임장 끝내기

"박카스 한 병 주세요!"

우리는 박카스를 어디에서 사는가? 주로 동네 슈퍼에서 자주 산다. 오래된 동네 슈퍼는 그 지역의 정보 교류의 보물 창고다. 음료수 한 병 사면서 알고 싶은 정보를 물어보면 십중팔구는 대답해준다. 그분들의 일상이다. 심지어 어느 집의 며느리가 쌍둥이를 낳았다는 얘기까지 들을 수 있을 것이다.

"박카스 한 병 드세요!"

구체적이고 정확한 정보를 알려면 우리는 어디로 가야 하는가? 바로 공인중개사 사무실이다. 그냥 빈손으로 가는 것은 예의가 아니다. 음료수 한 병이라도 들고 가서 정보를 알려고 하면 얘기가 술술 풀릴 것이다. 물론 이웃 주민들을 만날 때도 유용한 팁이 될 수 있다.

임장(臨場)의 사전적 정의는 '어떤 일이나 문제가 일어난 현장에 나오다'라는 뜻이다. 보통은 부동산 현장에서 쓰이는 단어로 '현장방문 간다'라고 하면, 부동산을 사서나 투자를 고려할 때 직접 해당 지역에 가서 탐방하는 것을 말하며, '임장'을 '발품 판다'라고 한다. 현장을 두 발로 돌아다니며 정보를 수집하는 행위를 두고 일컫는 말이다. 관심 있는 지역의 주변 시세나 인프라, 교통, 편의시설, 학군, 지역 분위기 등등, 여러 가지 궁금했던 점과 필요한 정보를 직접 가서 알아보는 행위들을 포함한다.

임장은 주로 부동산 투자 목적으로 알아보러 다니는 것으로 쓰인다. 부동산 가격이 오를 요소가 있는지 없는지, 지역재개발여부, 지하철역 신설여부 등 현지 공인중개사에게 정보를 얻기도 하고, 현지인들에게 탐문, 도시기본계획 열람 등으로 임장 활동을 한다.

부동산 투자의 4품 세트는 '손품', '발품', '뇌품', '심품'으로 이뤄진다. 먼저 손품에 대해 알아보자. 임장 가기 전에 조사하고 가야 하는 것을 "손품'이라고 한다. 손품은 물건 현황분석, 지역분석, 시세분석, 자금조달계획, 안정성분석, 전화상담분석 등이 있다.

먼저 물건 현황에는 주소, 건축물의 용도, 지목, 면적, 도로접면, 감정평가액, 최저입찰가, 입찰예정일 등이 있다. 지역분석에는 교통 현황, 학군, 학원분포, 규제현황, 개발계획 등이 있다. 자금조달에는 예상 대출금 및 이율, 자기 자본금, 임대보증금 등이 있다.

안정성 분석에는 선순위 임차인, 조세채권, 인수되는 권리, 임대상황, 공실 여부, 관리비연체 현황, 특수사항 및 해결 방법 등이 있다. 전화상담 분석은 인근 공인중개사와 상담한 내용, 지자체 담당자와 전화, 집행기관담당자와 전화내용 등이 있다. 위에 열거한 손품이 전체 조사의 70~80%에 해당된다. 그만큼 손품이 중요하고 힘이 든다.

손품에 대한 조사를 마쳤다면 이제 발품을 팔러 가야 한다. 즉, 임장을 가는 것이다. 임장은 위에서 손품으로 조사한 사실을 확인하는 작업과 손품으로 조사하지 못한 새로운 사실의 발견에 있다. 구체적으로 살펴보자. 물건의 개별적인 분석으로 위치, 면적, 경계, 역과의 거리, 광고가시성, 체납관리비, 내부인테리어, 외부샷시 등이 있다. 물건현황 분석으로 현장사진, 우편물관리상태, 임차인인터뷰 등이 있다.

이제 발품까지 완료했다면 중요한 뇌품이 남았다. 뇌품이란 임장 3종세트에서 가장 중요하다고 볼 수 있다. 출구전략과 입찰여부를 결정해야 하기 때문이다. 특히 출구전략에 대한 확실한 전략이 없다면 손품과 발품이 허사로 돌아간다. 뇌품을 구체적으로 알아보자. 뇌품으로는 손품정리, 발품정리, 출구전략, 결론 등이 있다.

그중 중요한 출구전략에 대해서 구체적으로 살펴보면 매입 후 직접 사용 여부, 즉시 매각 여부, 매입 가공 후 매각, 보유 후 매각, 임대 등의 전략이 있다. 뇌품을 어떻게 활용하느냐에 따라 수익과 직결되는 것이다. 나는 개인적으로 뇌품의 단계를 가장 중요하다고 생각한다. 물건을 어떻게 다듬어서 어떤 전략으로 매도해 수익을 얼마나 창출할 것인가를 결정하는 중요한 단계다.

마지막으로 심품은 투자자의 마음가짐을 일컫는 말이다. 모든 일은 생각한 대로 이뤄진다. 생각은 곧 마음이다. 여러분들이 어떻게 생각하느냐에 따라 결과가 달라진 경우는 많이 경험해 봤으리라 생각한다.

투자는 외롭고 힘든 장기전이니 심품을 잘 다스려 승리자가 되길 기원한다.

임장의 목적은 본인이 입찰하고 싶은 경매 물건의 수익성, 비용, 명도에 필요한 정보를 사전에 조사하는 행위다. 그런데 많은 초보자가 물건의 수익성을 계산해 보지도 않고 소풍 가듯이 임장을 가는 경우가 있다. 오죽하면 임장데이트란 신조어가 국어 신조어 사전에 실려 있겠는가. 부동산 답사를 다니는 것을 뜻하는 임장(臨場)과 데이트(date)의 합성어로 데이트 삼아 아파트를 보러 다니면서 주변 맛집을 찾아다니는 트렌드를 뜻한다. 투자의 길은 외롭고 힘든 길이다. 자신에게 충분한 보상을 하며 투자 생활을 이어 나가야 하기 때문이다.

자신에게 충분한 보상을 해야 경매 시장을 떠나는 오류를 방지할 수 있다. 오래 버티면 무조건 성공하는 게임이 부동산 경매 시장이다. 나는 현재 아내와 캠핑카를 이용해 캠핑 겸 임장을 다니고 있다. 전국 어디라도 캠핑을 가면 꼭 임장지를 끼워 넣는다. 반대로 임장지가 있으면 꼭 캠핑하고 온다. 한번 해보시라. 부부간의 새로운 정이 새록새록 돋아난다. 가화만사성이라지 않는가? 꼭 시도해보길 권장한다.

우리가 임장을 가는 이유는 다음과 같다.

첫째, 나무가 아닌 숲을 보기 위해서다. 우리는 손품으로 나무에 대한 많은 정보를 가지고 있다. 그 나무가 사는 숲을 보러 임장을 가는 것이다. 상권, 학군, 가격 현황, 호재 이슈 등 세상은 아는 만큼 보인다. 다시 한 번 더 손품의 중요성을 강조한다.

둘째, 현장에 아군을 만들기 위해서다. 즉, 현장에 있는 공인중개사

소장님들과 친분을 쌓는 것이 중요하다. 박카스 신공이 필요하다. 이 분들을 잘 활용하면 내게 많은 정보를 제공한다. 급매물, 세입자 세팅, 낙찰 물건매도 등 꼭 필요한 존재다. 시장 분위기가 안 좋은 지금의 시기가 중개업소 소장님들과 친해질 기회다. 지금은 중개업소가 파리 날릴 시기라 방문하면 친절하게 대해준다. 미래를 위해 미리 친해져라. 고작 1~2년 후면 그 부동산 소장님으로부터 양질의 물건들이 쏟아질 것이다. 전국에 있는 내 투자처에는 친한 부동산 소장님들이 두 분 이상은 있어 전화로도 계약을 진행할 정도로 가까운 사이가 됐다.

셋째, 임장을 통해 현장 감각을 익힐 수 있기 때문이다. 임장을 통한 많은 정보가 쌓이게 되면 시세 파악이 즉시 되기에 투자가치를 판단할 수 있는 현장의 감각이 생긴다. 현장 감각이 없다면 아무리 좋은 물건이 내게 와도 판단을 할 수가 없다. 참으로 중요한 사항이다.

마지막으로 강조하고 싶은 이유는 채무자와 임차인, 점유자를 만나고 와야 한다. 채무자를 만나서 사정 얘기를 들으면 많은 문제가 해결될 수 있다. 상대방의 처지를 이해하고 점유자를 만나라. 권리분석을 통해 상대방이 선순위인지, 후순위로 보증금을 다 돌려받지 못하는 세입자인지를 파악하고 상대방의 처지를 이해하고 만나라. 보증금을 다 돌려받을 수 있다면 내부확인으로 경쟁력을 확보할 수 있다.

이처럼 현 점유자를 만나는 것은 중요하다. 그러나 우리는 점유자와의 마찰을 걱정해 만나기를 꺼린다. 쫄지 말고 일단 만나보자. 언젠가는 만나야만 하는 사람들이다. "박카스 한 병 드세요~"라며 만남을 시도하라.

임장 시 필요한 체크리스트를 한 손에 들고 다른 손에는 박카스를 들고 현장으로 나가길 바란다. 실행하지 않고 부자가 되기를 바라는가? 도둑놈 심보가 아닌가? 감 떨어지길 바라고 감나무 밑에 누웠는가? 무엇이 떨어지겠는가? 떨어질 것은 새똥뿐이다.

5천만 원으로 5년 만에 50억을 만든
부동산 경매 고수의 현실적인 투자 비결

이제 입찰하러
가즈아!

    준비가 다 됐다. 이제 경매 법정으로 입찰하러 가자. 먼저 매각기일 경매 법정 현장에서 복잡하고 어수선한 상황이 벌어질 수 있으니 유념하기 바란다. 출발 전에 법원사이트에서 매각 진행 사항을 확인하고 가기를 바란다. 정지, 취소, 취하, 연기, 변경 등의 사유로 진행되지 않을 수 있다.

    매각기일 진행 순서를 살펴보면 ①10시: 경매진행 시작, 집행관 주의사항설명, ②10시 15분: 입찰서 배부/작성 시작/매각사건 조사서 열람, ③11시 10분: 입찰서 제출 마감시간, ④11시 10 분 이후 개찰, ⑤11시 40분: 최고가 매수신고인 결정, 차순위매수신청인 결정, 공유자 우선매수권 신청 및 확인, ⑥12시: 종결 순으로 진행된다.

    경매 법정 현장에서 작성해야 할 서류에 대해 자세히 알아보자.

경매 법정 현장(경매 입찰표 작성 방법)

보통 개인이 직접 입찰하는 경우에는 입찰봉투, 기일입찰표, 매수신청 보증금 봉투 이렇게 3가지를 기본 세트로 통상 '경매 입찰표'라고 한다.

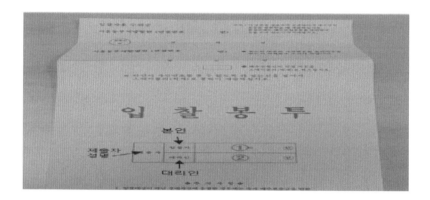

※경매 입찰봉투 전면

①란에는 입찰하는 사람의 이름을 기재하고 도장을 찍는다. 도장은 막도장도 가능하다. 공동으로 입찰할 때는 입찰에 참여하는 사람 중 한 사람의 이름을 적고 나머지 사람들은 외 ○인으로 기재한다. ②대리인 란은 대리인이 입찰명의자로부터 위임받아 왔을 때만 대리인의 이름과 도장을 찍는다.

※경매 입찰봉투 후면

입찰봉투의 덮개 안쪽 부분을 보면 사진처럼 돼 있는 부분이 있는데, 이 부분을 안 적고 제출하는 사람들이 꽤 있다.

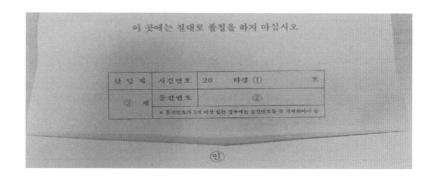

① 사건번호를 적는다.

② 경매 사건에 물건번호가 있는 경우 물건번호를 적는다.

2018타경 1234⑴ * 2018타경 1234 = 사건번호 *⑴ = 물건번호

물건번호가 없는 사건인 경우 공란으로 비워두면 된다.

③ 담당 경매계를 적는 란이다. 평소에는 기재 안 해도 상관없지만, 간혹 두 개 이상 경매계의 사건이 동시에 진행될 때는 법원 직원들의 입찰함 개봉 후 입찰표 분류 편의를 위해 기재해 주면 된다.

※매수신청 보증봉투 (매수신청보증봉투는 입찰보증금을 넣는 봉투다.)

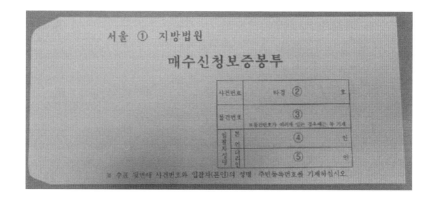

①관할 법원을 기재한다(간혹 인쇄돼 나오는 법원도 있다). ②번에는 사건 번호, ③번은 물건번호를 ④입찰자의 이름 적고 도징, ⑤대리인이 왔으면, 대리인 란에 이름 적고 도장을 찍는다.

☆기일입찰표 ← 이게 가장 중요하다.

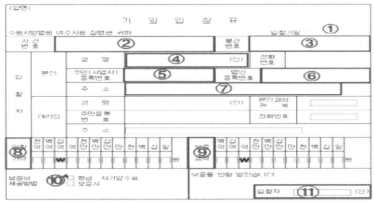

①입찰기일 년, 월, 일 날짜를 기재한다. ②사건번호를 기재한다(사건번호기록 실수로 보증금이 몰수될 수도 있다). ③물건번호가 있을 때는 물건번호를 반드시 기재해야 하며, 물건번호가 없을 때는 공란으로 비워둔다. ④본인의 성명란에는 입찰명의자의 이름을 기재하고 도장을 찍

5천만 원으로 5년 만에 50억을 만든
부동산 경매 고수의 현실적인 투자 비결

는다. ⑤주민등록번호란은 입찰자나 대리인이나 개인인 경우엔 주민번호를 그대로 적으면 된다. 단, 법인이 입찰명의자인 경우엔 사업자등록번호를 기재해야 한다. ⑥법인이 입찰명의자인 경우에만 기재하며, 법인등기부등본에 나와 있는 등록번호를 기재하고. 법인등기부등본을 첨부한다. ⑦주소란에는 도로명 주소를 기재한다. 집합건물이 주소지인 경우, 동, 호수까지 기재한다. ⑧입찰가격란은 물건의 인수하고자 하는 금액을 아라비아 숫자로 기재한다. 연필, 줄긋기, 덧칠 수정은 무효처리 된다. ⑨보증금액란에는 법원에서 미리 공고한 해당 물건을 입찰보증금 액수를 아라비아 숫자로 기재한다. ⑩보증의 제공 방법란에는 현금이나 수표로 가져온 경우 현금, 자기앞수표 앞칸에 V체크를 한다. 보증서를 가져왔으면 보증서 앞칸에 V체크를 한다. ⑪입찰자 란은 경매 입찰표를 제출하는 사람의 이름과 도장을 찍는다.

위임장을 기재할 때는 위임인 란과 수임인 란을 잘 구분해야 한다. ①대리인의 이름, ②대리인의 주민번호, ③대리인의 도로명 주소, ④관할법원과 사건번호, 물건번호를 기재한다. ⑤입찰명의자의 이름과 인감도장 날인, ⑥입찰명의자의 주민번호를 기재하고 주소란에는 입찰명의자의 도로명 주소를 기재한다.

위임인 란의 도장은 반드시 입찰명의자의 인감도장이어야 하며, 함께 첨부하는 입찰명의자의 인감증명서 상의 도장과 일치하는 도장이어야 한다. 본인의 인감증명서는 입찰일 기준 3개월 이내에 발급받은 인감증명서이어야 하니 발급 날짜도 꼭 확인해보기 바란다. 위임을 준

입찰 명의인이 여러 명으로 공동 입찰인 경우엔 본인2. 본인3 란을 같은 방식으로 기재하며, 인감증명서는 공동입찰지 전원의 인감증명서를 각각 첨부해야 한다(본인-입찰명의자가 개인인 경우엔 개인의 인감증명서를 법인인 경우엔 법인인감증명서를 제출한다).

※ 위임장

공동입찰자 목록의 칸은 공동입찰자 수만큼 기재한다. ①공동입찰자의 순번를 이야기하며, 공동입찰이라고 하면 최소한 둘 이상이어야하니 첫 번째 칸에는 '1'을 아래 칸에는 '2', '3', '4'의 식으로 공동입찰자수만큼 순서대로 기재한다. ②공동명의자의 인적사항을 위임장 본인

공동입찰자목록

번호	성 명	주 소		지분
		주민등록번호	전화번호	
①	(인)	②		③
	(인)	-		
	(인)	-		
	(인)	-		
	(인)	-		
	(인)	-		
	(인)	-		
	(인)	-		
	(인)	-		
	(인)	-		

란과 동일하게 기재하고 도장을 찍는다. ③지분 표시란은 공동입찰자 각각의 지분을 표시하며, 표시하지 않은 경우 서로 같은 비율의 지분으로 간주한다. 예를 들어 공동입찰자가 서로 동등한 지분인 경우, 공동입찰자 수에 따라 1/2.1/3.1/4… 등의 식으로 기재하면 되고, 공동입찰자 간의 지분이 서로 틀린 경우는 공동입찰자 각각의 지분비율을 분수로 환산해 기재한다.

법원에서 실제로 응찰하는 과정을 살펴봤다. 경매 법정으로 가서 응찰하기만 하면 된다. 신중하게 응찰해 낙찰받기를 기원한다.

입찰가는
얼마로 해야 할까?

'입찰가를 얼마로 해야 할까?'라는 문제는 단순히 가격만을 결정하는 단순한 문제가 아니다. 가격을 결정하기까지 조사해야 할 문제들이 많이 있고, 조사하고 검토한 각각의 문제들을 종합해 결정해야 한다. 이는 수익률과 바로 직결되기 때문이다.

여기서 조사하고 검토해야 하는 것들은 시세, 미래가치, 수익률, 자신의 자금 유동성, 경매 낙찰가율 등이다. 부동산 시세를 검색할 수 있는 곳은 네이버부동산, KB시세, 호갱노노, 디스코, 아실 등 많이 있다.

매매시세뿐 아니라 전세가율도 참고하면 좋다. 매매가에 영향을 미치는 중요한 요인 중 하나가 전세가율이다. 위에 알려준 검색사이트나 앱에서 알 수 있는 정보는 많다. 준공연도, 층, 평형, 향, 전세가, 과거거래실적, 전체세대수, 학교 등을 기본으로 보고 지도 주변을 살펴서 편의시설 및 혐오시설 등도 알 수 있다. 본인이 얼마나 애정을 가지고 보느냐에 따라 유용한 정보를 많이 찾을 수 있다.

부동산의 미래가치는 각종 개발계획에 초점이 맞춰져 있다. 재건축과 재개발 및 각종 개발계획 등이 있다. 지역의 개발계획들은 언론에 보도되지만, 언론 보도를 통해 우리가 알게 된다면 그 정보는 늦은 정보일 가능성이 크다. 그렇지만 우리가 언론 보도를 접하고 스크랩하는 자세는 긍정적이다. 각종 개발계획의 기본이 되는 것이 '도시기본계획'이다. 도시기본계획을 중심으로 알아보겠다.

도시기본계획은 국토종합계획 또는 광역도시계획 등 상위계획의 내용을 수용해 도시가 지향해야 할 바람직한 미래상을 제시하고 장기적인 발전방향을 제시하는 도시계획의 최상위 법정계획이다(군의 경우 군기본계획으로 명칭).

도시기본계획은 도시의 물리적·공간적인 측면과 환경·사회·경제적인 측면을 모두 포괄함으로써 주민의 생활환경 변화를 예측하고 대비하는 종합계획의 성격을 지닌다. 또한, 도시행정의 바탕이 되는 주요 지표와 토지의 개발 및 보전, 기반시설의 확충 및 효율적인 도시관리 전략을 제시함으로써 하위계획인 도시관리계획 등의 바탕이 된다. 이러한 하위계획뿐만 아니라 타법에 따라 수립되는 부문별 계획 등도 반드시 도시기본계획의 내용과 부합해야 한다.

도시기본계획에 포함되는 주요 내용은 다음과 같다.

1. 지역적 특성 및 계획의 방향과 목표에 관한 사항
2. 공간구조, 생활권의 설정 및 인구의 배분에 관한 사항

3. 토지의 이용 및 개발에 관한 사항

4. 토지의 용도별 수요 및 공급에 관한 사항

5. 환경의 보전 및 관리에 관한 사항

6. 기반시설에 관한 사항

7. 공원·녹지에 관한 사항

8-1. 경관에 관한 사항

8-2. 기후변화 대응 및 에너지절약에 관한 사항

8-3. 방재·방범 등 안전에 관한 사항

9. 상기 사항의 단계별 추진에 관한 사항

10. 도심 및 주거환경의 정비·보전에 관한 사항

11. 다른 법률에 따라 도시기본계획에 반영돼야 하는 사항

12. 도시기본계획의 시행을 위해 필요한 재원조달에 관한 사항 등

13. 도시·군기본계획 승인권자(도지사)가 필요하면 인정하는 사항 등

여기서 우리가 눈여겨볼 사항은 '2번' 공간구조, 생활권의 설정 및 인구의 배분에 관한 사항이다. 모든 개발의 핵심은 인구의 배분이다. 발전이 있는 동네는 인구가 증가할 것이기 때문이다. 인구의 변화만 살펴봐도 개발의 방향은 잡을 수 있다. 도시기본계획을 잘 살펴보면 개발의 방향과 지역을 선정하는 데 큰 도움이 된다. 도시기본계획으로 기본 방향을 잡았다면 하위개념인 도시관리계획을 살펴보는 것으로 세부적인 개발계획을 알 수 있다.

다음으로 수익률을 알아보자. 경매 물건의 가치를 정확히 알아보는

경매 전문가는 과감하게 입찰하기도 한다. 감정가 대비 200%, 300%에도 입찰하기도 한다. 목표로 하는 수익을 낼 수 있다는 확신이 있기 때문이다. 수익률의 기준은 각자 다르다. 즉, 이것은 주관적인 판단으로 결정되는 문제다. 하지만 이것은 출구전략의 문제로 개인의 능력에 따라 차이가 날 수밖에 없다. 또한, 본인의 자금 유동성에 따라, 즉 금액의 많고 적음에 따라서 단기, 중기, 장기 자금에 따라 입찰가는 정해질 수 있다. 덧붙여 고려해야 할 사항으로 해당지역의 인기도, 매물의 물량, 미분양물량, 지역여건, 명도의 난이도 등도 살펴봐야 한다.

다음으로 살펴볼 것은 경매 낙찰가율이다. 부동산 경매 낙찰가율은 부동산 시장 전망의 선행지표로 사용되고 있다. 경매 낙찰가율이란 부동산 감정가 대비 낙찰가의 비율이다. 낙찰가율이 100%를 넘어서면 낙찰된 물건의 입찰가격이 감정가보다 높다는 뜻이다. 낙찰가율은 매각가율과 같은 뜻이며, 법원 경매 통계자료에서는 매각가율이라는 단어를 사용하고 있다.

경매 낙찰가율이 부동산 시장의 참여자인 수요자의 매수심리를 나타낸다. 부동산 시장이 안 좋을 것이라 예상되면, 경쟁률이 떨어져 낙찰가율이 떨어진다. 반대로 부동산 시장이 좋을 것이라 예상되면 낙찰가율은 상승한다.

대표적인 경매 통계지표는 낙찰가율과 낙찰률이다. 낙찰가율과 낙찰률의 의미를 알기 위해 경매 통계용어를 알아야 한다. 낙찰자율과 낙착률의 계산 방법과 필요한 경매 용어를 알아보겠다.

낙찰률(매각률) = (매각건수/경매건수)×100

낙찰가율(매각가율) = (매각가/감정가)×100

매각건수 : 매각된 물건의 건수

경매건수 : 입찰(유찰포함) 및 매각된 물건의 건수

매각가 : 매각물건의 매각가

감정가 : 매각물건의 감정가

부동산 경매 낙찰가율 조회 방법은 아래와 같다.

1. '법원 경매정보' 웹사이트에 접속한다.
2. 메뉴에서 '매각통계'를 클릭한다.
3. 연도별, 법원별, 지역별, 용도별 매각통계 중 필요한 내용을 선택한다.
4. 법원, 소재지, 기간 등 검색조건을 입력 후 검색한다.
5. 결과 중 '매각가율'(=낙찰가율)을 확인한다.
6. 필요 시 기간별 그래프를 확인할 수 있다.

대한민국 부동산 시장을 가장 대표하는 것이 서울 아파트 시장이다. 부동산이 상승 또는 하락할 때 제일 먼저 움직이는 곳이기도 하며 전국적인 관심이 몰려있는 곳이다. 부동산 경매 낙찰가율 중에서 서울 아파트 경매 낙찰가율을 세밀하게 본다면 부동산 전망을 좀 더 정확히 할 수 있다. 대출 규제와 부동산 정책, 금리인상 등으로 부동산 시장의 수요가 줄어든 상황에서 앞으로의 부동산 시장을 예측하기 위해 주기적으로 낙찰가율을 확인하는 것은 매우 중요하다.

경매 적정입찰가라는 것은 등기부등본 및 법원 기본 서류 검토 후 현황조사를 통해 추가인수대상 및 추가비용 발생 가능성을 확인하고 해당 물건의 개별적인 특성을 고려한 적정시세의 확인, 인근 유사물건의 낙찰사례, 미래가치, 수익률, 자신의 자금 유동성 등 통계자료 등을 토대로 해당 물건의 안전성 및 입찰 여부와 함께 산출되는 권리분석의 최종결과물에 해당한다.

정확한 입찰가는 누구도 정확히 알 수가 없다. 그러나 기준은 있다. '내가 이 부동산을 일반매매로 살 때 얼마면 사겠는가'가 그 기준이다. 그 기준에서 경매로 부동산을 매수 할 때 들이는 내 노력. 즉 권리분석, 임장활동을 통한 현장조사, 명도 등의 행위를 하게 된다. 이러한 행위가 가져다주는 보상, 즉 일반매매와 비교해서 저렴한 가격으로 부동산을 구입하는 보상을 원하기 때문이다. 이 보상이 수익률이다. 기준 기격에서 수익률을 뺀 금액이 입찰가로 정해진다.

이상 입찰가를 결정하는 요인을 다양하게 살펴봤다. 각자의 사정과 생각에 따라 달라질 수 있지만, 무엇보다도 중요한 것은 출구전략, 즉 수익률이다.

낙찰대금 배당 -
배당표 작성하는 법

경매 절차는 압류, 환가, 배당 등 크게 3가지 절차로 분류할 수 있다. 이 장에서 설명하는 내용은 마지막 단계인 배당에 관한 문제다. 우리가 권리분석을 할 때 배당표를 작성할 줄 알아야만 권리분석의 완성이라 할 수 있다. 결국 낙찰자 입장에서 배당을 다 받지 못한 사람이 있다면, 그리고 더구나 선순위라면, 낙찰자 입장에서는 인수해야 하기 때문이다.

먼저 배당순위에 대해 알아보자.

0순위 : 경매실행비용

1순위 : 필요비, 유익비

2순위 : 임금채권과 최우선변제권

3순위 : 당해세 국세, 지방세

4순위 : 우선변제권

5순위 : 2순위로 받은 임금 외의 임금채권 혹은 퇴직금

6순위 : 당해세가 아닌 저당권보다 순위가 늦은 국세, 지방세

7순위 : 산업재해보상금, 건강보험금, 연금보험금 등 각종 공과금

8순위 : 우선변제권이 없는 가압류채권, 일반채권, 과태료 등

실제 사례를 들어 배당표를 작성해보자.

가압류 안분배당 흡수배당

법원 임대차 현황 주민등록현황/금액(만 원)	등기부 등기내역 권리구분/등기금액/권리자(만 원)
홍길동 (1층, 방3) 전입일 : 15.10.20 확정일 : 15.10.25 보증금 : 1억 원 배당요구했음.	가압류 14.10.20 　금액 1억 원 　이수일 저당 16.10.20 　금액 1억 원 　신한은행(화서) 강제 17.10.20 　청구액 1억 원 　이수일

※ 배당가능금액은 180,000,000원이라고 하자.

순위	채권자	채권액	배당금액	배당이유	잔액	추가배당	결과
1	이수일	1억 원	6,000만 원	가압류자	4,000만 원	없음.	일부배당 배당종료
2	홍길동	1억 원	1억 원	확정임차인	0	없음.	전액배당
3	신한은행	1억 원	2,000만 원	저당권자	8,000만 원	없음.	일부배당 배당종료

소액최우선→순위→안분→흡수

앞의 배당표를 설명해보자. 가압류가 최선순위이므로 가압류 이하 권리는 동순위다. 그러므로 채권자 평등주의에 입각해 안분배당이 실시된다. 그리해 1, 2, 3순위 다 6,000만 원씩 안분배당이 되는 것이다. 그런데 강일중은 왜 1억 원인가? 강일중은 확정일자부 임차인이기에 후순위 물권자가 받은 배당금액 즉 신한은행이 받은 6,000만 원에서 강일중의 채권액을 충족하는 금액 4,000만 원을 흡수한다. 이것을 흡수배당이라 한다.

다음은 소액임차인의 최우선 변제금액에 대해 표를 통해 알아보자.

주택 소액임차인과 선순위 저당권 설정일과의 관계

적용일자	지역구분	소액임차금범위	최우선변제액
2001.09.15~ 2008.08.20	수도권 중 과밀억제권	4,000만 원 이하	1,600만 원
	광역시(인천, 군지역 제외)	3,500만 원 이하	1,400만 원
	그 밖의 지역	3,000만 원 이하	1,200만 원
2008.08.21~ 2010.07.25	수도권 중 과밀억제권	6,000만 원 이하	2,000만 원
	광역시(인천, 군지역 제외)	5,000만 원 이하	1,700만 원
	그 밖의 지역	4,000만 원 이하	1,400만 원
2010.07.26~ 2013.12.31	서울특별시	7,500만 원 이하	2,500만 원
	과밀억제권역(서울 제외): 인천 포함	6,500만 원 이하	2,200만 원
	광역시(과밀억제권역 및 군지역 제외) 및 안산, 용인, 김포, 광주	5,500만 원 이하	1,900만 원
	그 밖의 지역	4,000만 원 이하	1,400만 원
2014.01.01~ 2016.03.30	서울특별시	9,500만 원 이하	3,200만 원
	과밀억제권역(서울 제외): 인천 포함	8,000만 원 이하	2,700만 원
	광역시(과밀억제권역 및 군지역 제외) 및 안산, 용인, 김포, 광주	6,000만 원 이하	2,000만 원
	그 밖의 지역	4,500만 원 이하	1,500만 원

2016.03.31~ 2018.09.17	서울특별시	1억 원 이하	3,400만 원
	과밀억제권역(서울 제외): 인천 포함	8,000만 원 이하	2,700만 원
	광역시(과밀억제권역 및 군지역 제외) 및 세종, 안산, 용인, 김포, 광주	6,000만 원 이하	2,000만 원
	그 밖의 지역	5,000만 원 이하	1,700만 원
2018.09.18~ 2021.05.10	서울특별시	1억 1,000만 원 이하	3,700만 원
	과밀억제권역(서울 제외): 인천 포함 및 세종, 용인, 화성	1억 원 이하	3,400만 원
	광역시(과밀억제권역 및 군지역 제외) 및 안산, 김포, 광주, 파주	6,000만 원 이하	2,000만 원
	그 밖의 지역	5,000만 원 이하	1,700만 원
2021.05.11~ 이후	서울특별시	1억 5,000만 원 이하	5,000만 원
	과밀억제권역(서울 제외) : 인천 포 함 및 세종, 용인, 화성, 김포	1억 3,000만 원 이하	4,300만 원
	광역시(과밀억제권역 및 군지역 제외) 및 안산, 광주, 파주, 이천, 평택	7,000만 원 이하	2,300만 원
	그 밖의 지역	6,000만 원 이하	2,000만 원

여기서 주의할 것은 소액임차인의 산정기준일, 즉 소액임차인에 해당하느냐, 아니냐를 결정하는 산정기준일이다. 산정기준일은 임차인 전입일이 아니라 최선순위 담보설정일이다. 다만 등기부등본상에 담보물건이 없고 확정일자부 주택임차인도 없이 강제기입등기나 가압류만 존재하는 경우, 임대차계약의 최종갱신일을 기준으로 그 최종갱신일 현재 적용되는 소액임차인의 규정을 적용하는 것이 다수설이지만, 실무에서는 계약일 또는 계약 갱신일을 따지지 않고 소액임차인 규정을 적용한다.

4장

경매로
평생연금 받는 비법

점유자와 살갑게 사귀는
명도 기술

우리가 경매를 공부하는 최종 목적은 무엇일까? 좋은 물건을 보다 저렴하게 구입해서 수익을 극대화하는 데 있다. 그렇지만, 입찰에 참여해 낙찰받았다고 기뻐하는 것도 잠시, 낙찰 부동산을 점유하고 있는 점유자를 내보내지 못해 어려움을 호소하는 낙찰자들이 많다. 점유자를 빨리 내보내지 못한다면 수익을 실현하는 데 어려움이 발생한다. 여기서는 부동산 점유자와 어떻게 합의해 원만하게 명도할 수 있는지 그 방법에 대해 알아보고자 한다.

과거와는 다르게 '인도명령'이라는 제도가 있어서 다소 수월해지기는 했지만, 여전히 낙찰자에게는 점유자의 명도가 부담스러운 게 사실이다. 점유자와의 명도가 두려워 경매에 참여하지 못하는 사람들도 있다. 명도란 부동산을 현재 점유하고 있는 자로부터 점유를 넘겨받는 것이다. 점유자는 채무자, 소유자, 세입자 등 다양한 이해관계인들이므로 '점유를 넘겨받는다'라는 것은 참으로 어렵다. 각자 처한 상황에 따라 명도의 난이도는 달라진다.

낙찰자는 법원의 경매 절차에 의해 부동산을 매수한 사람에 불과한데도 다양한 이해관계인들, 특히 점유자들은 낙찰자를 적대시하는 경향이 있다. 다양한 이해 관계인들의 적개심은 무리한 요구로 이어진다. 명도가 어려운 이유가 여기에 있다. 명도는 단순히 점유자로부터 점유를 넘겨받는 것이 아니라, 경매에서 모든 명도는 '돈을 협상하는 과정'이라고 말할 수 있다. 즉, 이사비용으로 얼마를 지불할 것이냐를 협상하는 과정이다.

먼저 상황별 명도의 난이도를 살펴보자. 크게 세 가지의 상황으로 분류할 수 있다. 첫째로 채권액의 전액을 배당받은 사람, 둘째로 일부 배당받은 사람, 셋째로 배당받지 못한 사람 등으로 나눌 수 있다. 전액 배당받은 사람은 말할 것도 없거니와 일부 배당을 받은 사람일지라도 낙찰자의 명도 확인서가 있어야 배당을 받을 수 있기에 다소 수월하게 명도를 할 수 있다. 그러나 배당을 전혀 받지 못한 점유자들은 난감하다. 낙찰자가 이사비를 지급해야 할 의무는 당연히 없다. 그러나 배당금을 한 푼도 받지 못한 점유자들은 낙찰자에 대한 적개심으로 막무가내식이다. 울며 겨자 먹기로 이사비를 지급할 수밖에 없는 상황이다.

배당을 받지 못한 점유자의 사정을 이해해 이사비를 줄 마음이 있다고 해서 낙찰자가 저자세일 필요는 없다. 낙찰자가 우위에 있다는 사실을 늘 인지시킬 필요가 있다. 협상이 결렬됐을 때 법적절차를 진행해 강제집행까지 하게 되면 불행한 결과가 나온다는 것도 간접적으로 알려줄 필요가 있다. 그렇더라도 점유자는 막무가내로 많은 이사비용을 요구할 때가 많다. 점유자가 무리한 요구를 할 때 가상의 결정권자를 만들어라. 가상의 결정권자가 경매의 전문가로서 최대한 엄격하다는 인상을 줄 필요가 있다. 그래서 무리한 요구를 하면 깐깐한 결정권자에게 결제받아야 한다고 말하라. 이렇게 하면 즉답을 피할 수 있고, 다시 생각할 수 있는 시간 여유를 가질 수 있다. 모든 대화를 마치고 나올 때는 법적 절차를 위해 한마디 던져 놓는 게 좋은 방법이다. 가상의 결정권자는 점유자와 얘기가 잘되는 것과 상관없이, 낙찰만 되면 무조건 법무사 통해 '인도명령 신청'과 '강제집행'을 위한 순을 밟는다는 사실을 알려줘 향후 법적 절차에 대비하기도 하고 압박의 수단으로 사용하기도 한다.

　가구 수가 많거나 점유자가 많은 경우는 까다롭다. 더욱 신중하게 접근해야 한다. 처음 방문 때 모든 가구를 한곳에 모이게 해 그들의 의견을 듣는 게 좋다. 그들의 의견을 들으면서 그중 첫 명도 대상을 선정해라. 점유자들이 한자리에 모이면 군중심리가 작용한다. 낙찰자를 더 과격하게 공격하는 점유자는 영웅이 되고, 낙찰자의 요구에 수긍하는 사람은 변절자가 되므로 낙찰자가 의도하는 대로 협상이 이뤄질 수 없다. 점유자들이 뭉쳐 있으면 힘이 생긴다. 따라서 첫 명도 후, 한 명씩 상대해 각개전투로 상대하는 게 유리하다. 때에 따라서는 명도금액을 낮춘 가짜영수증으로 압박하기도 한다. 가짜영수증을 보면, 저 정도의 금액 이상으로 받기는 어렵다는 인식을 줄 수 있다. 그리고 명도 협상 시작 전 법적 절차에 대한 준비는 미리 해야 한다. 협상 결렬 시

바로 실행하도록 준비해야 한다.

그러면 이제 점유자 유형에 따른 명도의 기술을 알아보자. 명도협상을 할 때 가장 먼저 파악해야 하는 것은 전 주인과 세입자 등 점유자의 상황이다. 이때 낙찰자는 점유자의 법적권리 등 상황을 분석해 이길 싸움인지, 질 싸움인지 판단해야 한다. 점유자가 아직 살고 있는 경우라면 명도합의가 다소 쉽고 강제집행까지 가는 경우가 거의 없다. 강제집행을 하게 되면 점유자도 많은 피해를 감수해야 한다. 따라서 낙찰자가 다소 강경한 자세로 협상에 임하더라도 결국 대부분 의도대로 명도합의가 되는 경우가 많다.

점유자가 이미 이사했거나 영업을 중단하고 내부에 집기나 비품만 남아 있는 상태라면, 낙찰자가 다소 불리한 상황이다. 소위 말하는 '배째라 식'이다. 대부분은 이사하거나 영업을 중단함과 동시에 돈이 될 만한 물건은 처분한다. 돈이 되지 않는 물건을 부동산에 남겨두고 가는 것은 애를 먹이기 위한 전략이다. 이런 경우 오히려 폐기물 처리 비용이 나올 가능성이 크다. 강제집행을 당하더라도 어차피 버릴 물건으로 낙찰자를 끝까지 괴롭힐 수 있기에 점유자는 배짱을 부린다. 이런 경우 낙찰자는 실리를 위해 양보해야 한다. 강제집행까지 가더라도 점유자는 물건을 가져가지 않을 것이고, 그러면 낙찰자는 어쩔 수 없이 그 물건들을 보관하고 유체동산 경매까지 해야 한다. 그러니 그 비용과 시간의 손실까지 포함해서 실익을 따져 보는 것이 좋다.

경매로 낙찰받은 부동산에 유치권을 신고한 사람이 있다면, 일단 인도명령부터 신청하는 것이 좋다. 유치권자와 명도합의가 안 되면 명도소송을 해서 내보낼 수 있다고 하는 사람들이 많은데 반드시 그렇지는 않다. 유치권이 명백히 성립하지 않는다면 명도소송까지 가지 않고 인도명령을 신청해서 명도를 받을 수도 있다. 유치권에 대해서는 특수물건 편에 자세히 전술해뒀으니 참고 바란다.

협상이 결렬됐다면 부동산 명도소송을 해야 한다. 소송 절차에 대해 알아보자. 부동산 명도소송 절차는 크게 명도소송, 점유이전금지가처분, 강제집행 이렇게 3가지 단계로 이뤄진다. 부동산 명도소송과 점유이전금지가처분 접수는 동시에 진행되며, 강제집행은 판결문을 받고 난 이후에 진행된다.

우선 인도명령제도에 대해 알아보자. 법원 경매를 통해 부동산을 낙찰받은 사람이 대금을 완납하고 소유권을 취득했으나, 채무자나 점유자가 해당 부동산의 인도를 거부할 경우 부동산을 인도받기 위해 법원으로부터 받아내는 집행권원을 이르는 말이다. 2002년 민사집행법 시행으로 생긴 제도로, 이 제도 시행 이전에는 무조건 명도소송을 통해서만 부동산 인도가 가능했다. 명도소송은 인도명령 대상이 아닌 세입자 등으로부터 점유를 돌려받으려 하거나, 대금 지급 후 6개월이 지난 후에 인도명령 대상자에게 제기하는 소송을 말한다.

부동산 인도명령은 낙찰자가 별도의 명도소송 없이도 강제집행 권원을 확보할 수 있도록 해서 명도소송에 비해 빠르게 부동산을 명도받을 수 있다는 장점이 있다. 하지만 인도명령을 받기 위해서는 낙찰자가 대금을 완납한 날로부터 6개월 이내에 잔금완납증명서를 첨부해 해당 법원에 신청해야 하며, 만일 이 기간이 경과하게 되면 명도소송을 통해 집행해야 한다.

　이러한 인도명령 결정은 신청 접수 후 통상 1주일 이내 내려지고, 법원은 '인도명령 대상자'에게 '인도명령결정문'을 송달한다. 낙찰자는 이 '인도명령결정문'과 상대방에게 송달됐다는 '송달증명원'을 가지고 관할 법원의 집행관 사무실에 가서 강제집행 신청을 하면 된다.

　본격적인 소송이 진행 되기 전에 내용증명을 통해 점유자의 반응을 살펴보는 게 좋다. 낙찰자가 점유자를 상대로 명도를 끌어내기 위한 내용증명을 작성할 때의 내용을 살펴보자. 첫째, 점유자와 협의가 되지 않아 명도소송에 의해 판결을 받는다. 둘째, 강제집행까지 진행하게 된다면, 이에 따른 소송비용 및 강제집행비용을 점유자에게 청구한다. 셋째, 낙찰자의 소유권 이전일로부터 매달 무상으로 거주했던 월세 부분에 대해서도 부당이득을 청구한다는 등의 문구를 기재한다. 또한, 협상 결렬 시 법적인 조치를 하겠다는 단호한 표현의 내용증명은 상대방에게 큰 압박이 될 것이다. 내용증명을 보낸 뒤 점유자의 반응에 따라 대응전략을 세울 수 있다.

　명도소송의 시작은 부동산 점유이전금지가처분부터 시작한다. 부동산 점유이전금지가처분이란 부동산에 대한 인도·명도청구권을 보전하기 위한 가처분으로 목적물의 인적(주관적)·물적(객관적) 현상을 본집행 시까지 그대로 유지하게 하는 가처분을 말한다. 명도소송을 할 예정이니 위장 세입자나 다른 사람에게 해당 부동산을 넘기지 말고 채권자에게 부동산을 넘기라는 것이다.

부동산 점유이전금시가처분은 목석물의 본 십행까지 채무자(임차인 또는 점유자)가 목적물의 현재의 상태를 그대로 유지하고 점유명의를 변경하거나 점유를 이전할 우려가 있어 이를 미리 채권자가 권리를 실현하기 위해 취하는 보전처분의 일종이다. 이는 명도소송을 진행하는 동안 채무자가 부동산에 대한 점유를 다른 이에게 이전하거나 점유 명의를 변경하려는 위험을 원천적으로 방지하기 위해 시행된다. 부동산에 대한 인도·명도청구권을 보전하기 위한 가처분으로, 목적물의 인적(주관적)·물적(객관적) 현상을 본 집행 시까지 그대로 유지하게 하는 가처분을 말한다. 이는 채권자가 권리를 실현하기 위해 취하는 보전처분의 일종으로, 명도소송(불법점유자로부터 목적물을 반환받기 위해 진행하는 소송) 진행 전에 반드시 이뤄져야 하는 절차다. 즉, 명도소송을 진행하는 동안 채무자가 부동산에 대한 점유를 다른 이에게 이전하거나 점유명의를 변경하려는 위험을 원천적으로 방지하기 위해서 이뤄진다. 가처분을 해두지 않으면 현재 상태의 변경으로 집행권원을 얻더라도 실행하지 못하거나 이를 실행하는 것이 매우 곤란한 염려가 있는 경우에 인정된다.

점유이전금지가처분을 신청할 때는 목적 부동산을 명백하게 특정해야 하며, 부동산의 일부가 목적물인 때는 도면·사진 등으로 계쟁(係爭) 부분을 특정해야 한다. 아울러 부동산 점유이전금지 가처분은 집행 시 등기를 요하지 않으므로 미등기 부동산도 그 목적물이 될 수 있다.

다음은 강제집행에 대해 알아보자. 강제집행이란 집행권원이 표시된 사법상의 이행청구권에 대해 국가권력이 강제력을 동원해 정당한 법적 절차를 진행하는 것이다. 아무리 건물에 아무도 없고 물건의 가치가 없다고 마음대로 물건을 정리하는 것은 법적으로 문제가 될 수 있다. 강제집행을 신청하게 되면 매수인이 비용을 부담해야 하고, 추후 상대방에게 청구는 가능하나 현실적으로 받기는 쉽지 않다.

전 소유자의 인도불이행으로 인한 불법점유상태라면 부당이득에 대한 비용도 청구가 가능하나 역시 받기 어렵다. 강제집행신청을 하기 전에 법원에 비치된 별도의 신청서를 작성해 집행문과 송달증명원을 발급받아야 한다. 이 서류가 준비됐다면 법원에 비치된 강제집행신청서를 작성하면 된다. 강제집행 신청을 하면 신청이 완료됐다는 접수증과 법원 은행에 집행비용을 예납하라는 납부서를 주는데, 법원에 있는 은행에서 이를 납부하면 된다.

강제집행에 앞서 법원 집행관과 실무담당관은 사전에 집행에 필요한 현장 검증 및 집행절차를 알리는 내용을 인지시키기 위해 강제집행 예고를 진행하러 간다. 이때는 신청인과 함께 증인 2인과 출입구가 잠겨 있다면 열쇠공이 같이 가야 한다. 열쇠를 열고 안으로 들어가면 집행관은 실제 채무자와 관련해 증명할 만한 자료가 있는지를 찾아 사진을 찍어 그 내용을 보관해 둔다. 강제집행을 하면 1년여의 기간과 약 1,000만 원 정도의 경비가 지출된다. 되도록 강제집행은 하지 않는 게 낙찰자에게 유리하다.

이상에서 부동산 명도 과정에 대해 살펴봤다. 점유자들의 사정이 달라 한마디로 말할 수는 없으나 절대 약자의 입장에서 협상을 진행하지 말라고 낭부하고 싶다. 섬유자들의 마음을 헤아려 주면서 우위에 있다는 인식을 준다면 명도가 그렇게 어렵지는 않을 것이다. 내 경우에도 그렇고, 주위를 봐도 실제로 강제집행까지 진행하는 경우는 1% 미만이다. 명도의 어려움에 두려워하지 말고 적극적인 경매로 부자의 길로 들어서길 기원한다.

5천만 원으로 5년 만에 50억을 만든
부동산 경매 고수의 현실적인 투자 비결

1억 원에 나온 땅,
임장 가보니 10억 원?

　1억 원에 경매로 나온 땅이 임장 가보니 10억 원이라고? 이럴 수 있다고? 무언가 잘못된 게 틀림없다고 생각할 수밖에 없다. 어떻게 이런 일이 발생할 수 있을까? 이것은 감정가에 기반한 잘못된 정보이기 때문이다. 실제 가치를 무시한, 단순히 감정평가를 위한 감정을 한 것 때문에 일어난 일이다. 감정평가회사도 임장 활동을 잘못한 결과다. 실제로 이런 일들은 현장에서 일어나고 있다. 이것은 현장에서 임장을 통하지 않으면 확인할 방법이 없다. 10억 원 가치의 땅을 1억 원 가치의 땅으로 서류만 보고 판단했다면 낙찰은 물 건너갈 수밖에 없다. 이렇듯 임장의 중요성은 무엇보다도 중요하다. 임장의 중요성과 방법에 대해서 전술한 바 있다. 다시 한 번 더 임장의 중요성에 대해 강조한다. 임장할 때 체크해야 할 중요사항에 대해서는 임장 체크리스트를 참조하기 바란다. 체크리스트의 내용에 충실한다면, 10억 원 가치의 땅을

1억 원으로 판단할 일은 결코 없을 것이다.

책상에서 손품으로 조사한 자료만 믿고 응찰하지 말기를 바란다. 임장을 통한 확인 절차 없이 감정가에 기반한 잘못된 정보로 응찰하는 실수를 범하지 말아야 한다. 현지인들은 실제 가치를 다 알고 입찰한다. 그래서 이길 수 없는 경우가 있다. 10억 원의 가치가 있는 땅인데 경매의 감정평가액이 1억 원으로 평가됐다면 현지인은 10억 원으로 알고 있고, 현지인이 아닌 사람은 감정가에 기반해 1억 원으로 알고 있다면 누가 낙찰받을 확률이 높을 것 같은가? 당연한 결과로 현지인이 낙찰받을 것이다. 우리도 임장을 통해 10억 원의 가치를 발견할 수 있었다면 낙찰의 기회를 잡을 수도 있었을 것이다. 물건을 조사하는 방법으로 손품, 발품, 뇌품, 심품이 있다고 전술한 바가 있다. 그중에서 발품의 중요성에 대해 다시 강조한다.

실례로 감정가 대비 5배 이상으로 낙찰된 사례를 소개하겠다. 2016년 대구광역시 달성군에 있는 비슬산 자락의 경매 물건에서 실제로 일어난 일이다. 대구광역시 달성군에는 비슬산이 있다. 비슬산은 산 정상이 대구 최대 참꽃군락지다. 참꽃군락지인 비슬산 참꽃군락지에서 펼쳐지는 참꽃문화제가 유명하다.

여기서 잠깐 참꽃문화제를 소개하자면, 유서 깊은 사찰과 문화유적들이 곳곳에 산재된 비슬산 정상에는 백만㎡(30만 평)에 달하는 참꽃군락지가 있다. 참꽃군락지는 해마다 늦은 봄이면 참꽃이 만개해 진분홍의 천상화원을 만들어낸다. 비슬산과 참꽃에 관한 문화·예술 문화제인 '비슬산 참꽃문화제'는 매년 전국에서 10만여 명 이상의 관광객을 불러 모으면서 관광명소로 자리매김하고 있다.

참꽃문화제로 유명한 비슬산에 유서 깊은 사찰 중 하나인 유가사가 있다. 그 유가사 가는 길 사거리 코너 물건이 경매에 나온 적이 있었다. 감정가가 시세에 비해 터무니없게 낮게 정해졌다. 감정평가서상의 가치는 평당 30만 원대였다. 그러나 실제로 낙찰된 금액은 200만 원대다. 응찰자만 수십여 명이 넘었다. 실제로 가치가 있는 물건이었기 때문이다. 어떻게 이런 게 가능할까? 현지인들은 그 물건의 가치를 간파했기 때문이다. 단순히 감정가의 자료만으로는 이해되지 않는 물건이다. 이런 물건은 많이 있다. 이렇듯 현장으로 임장 가지 않으면 알 수 없는 것이 많다.

또 하나의 사례를 소개하고자 한다. 2018년 3월 가장 많은 응찰자가 몰린 경매 물건은 전북 진안군 정천면 봉학리에 있는 논 2,275㎡로 154명의 응찰자가 몰렸다. 감정가 816만 원이었는데 감정가의 2,621%인 2억 1,410만 원에 낙찰됐다. 응찰자 154명은 역대 세 번째로 많은 기록이다. 이 물건은 논 앞으로 물이 흐르는 골짜기가 있고 도로도 연결돼 있어 지목을 변경해 주택이나 펜션으로 활용하기에 최적의 입지였다. 실제로 주변에 이미 펜션 단지가 있고 낙찰자 역시 집 지을 목적으로 감정가보다 훨씬 높은 가격을 써냈을 것이라고 했다. 이런 정보는 현장의 임장을 통하지 않고는 확인할 수 없는 정보다. 우리가 감정가만을 믿고 응찰한다면 낙찰을 받지 못하는 것은 당연하고, 진정한 물건의 가치를 알지 못했을 것이다.

그 외 2017년 전국 토지 응찰자 수 상위 10건을 살펴보면 다음과 같다.

2017년 전국 토지 응찰자 상위 10건

주소	용도	감정가(만원)	매각가(만원)	매각가율	토지면적 (㎡)	응찰자수	매각일
전북 진안군 정천면 봉학리	논	816	21,410	2621%	2,275	154	1.16
경남 고성군 삼산면 미룡리	논	1,454	6,630	456%	404	116	3.23
전북 진안군 정천면 봉학리	임야	554	10,352	1866%	2,134	93	1.16
경남 사천시 사남면 화전리	임야	615	3,100	503%	4,264	90	7.24
전남 여수시 소라면 사곡리	밭	2,957	10,700	362%	347	75	5.22
전남 장성군 삼서면 홍정리	대지	2,040	8,292	406%	1,012	64	7.06
전북 진안군 동향면 능금리	임야	1,547	8,260	534%	11,901	60	2.27
전남 담양군 대전면 대치리	밭	3,390	8,688	256%	720	58	9.26
경북 상주시 계산동	논	21,452	48,510	226%	3,075	57	8.22
강원 원주시 신림면 금창리	논	2,700	5,701	211%	600	56	4.03

2017년 토지 경매 응찰자 수 상위 10건. /지지옥션 제공

위에서 살펴본 물건들을 임장을 하지 않았다면 우리는 100전 100 패였을 것이다. 전국 각지에서 많은 사람이 임장을 통해 가치를 파악하고 많은 경쟁을 통해 좋은 물건을 차지하려고 혈안이 됐다. 임장의 중요성을 이제는 이해하는가?

손품으로 조사할 수 있는 정보들이 많아지고 있다. 특히 요즘 부동산 앱의 발달로 손품으로 확인할 수 있는 정보가 점점 많아지고 있다. 손품만으로 물건에 대한 조사를 다 했다고 생각한다. 이것은 큰 오산이다. 임장으로 확인하지 않으면 안 되는 정보가 분명히 존재한다. 손품으로 조사한 정보의 확인과 새로운 정보의 조사를 위해 필수적으로 현장 임장은 꼭 가야만 한다. 아파트를 응찰할 때도 임장을 통해 확인해야 하는 사항이 많이 있는데 땅이나 상가 등은 필수적으로 임장을 통해 확인할 사항이 많다. 아파트는 정형화가 돼 있어 인터넷상으로

확인해도 많은 것을 알 수 있다. 하지만 집안의 내부와 누수 상태, 관리비와 각종 세금, 우편물, 점유자 등을 확인하기 위해서라도 임장은 필수다.

땅과 상가는 아파트보다 확인해야 할 게 많다. 특히 땅은 현장을 보고 접근성 파악, 진입도로 점검, 마을 특성 및 분위기 파악, 토지의 경계 및 모양, 방향 파악, 혐오 및 위험시설 파악, 전기 및 식수 파악 등이 있다. 임장 시 꼭 지적도와 임야도를 지참해야 한다. 특히 지적도상 도로와 현황도로의 일치 여부를 확인해야 한다. 이는 건축허가와 밀접한 관계가 있어서 반드시 점검해야 한다.

상가의 경우, 막 조성되는 신도시는 처음 분양가로 임대료가 맞춰지기 때문에 초기 보증금과 월세는 부풀려 있다. 임차인이 1~2번 바뀌며 임대료가 조정되는 그때가 투자하기 좋은 시점이다. 특히 이 시기에 급매, 경매가 쏟아지는데 평소 눈여겨본 곳에 응찰하기 좋은 시기다. 또한, 상가는 전용률이 높은 곳을 골라야 한다. 낙찰 후 관리비의 문제와 연관이 깊다. 우리가 상가를 조사할 때 공인중개사무소에 가서 임대료, 월세, 매매가, 수익률 정도만 알아보고 온다. 이것은 상가 정보를 10분의 1도 제대로 알아보고 온 게 아니다.

상가를 조사할 때는 총 네 군데를 조사해야 한다. 관리사무실, 임차인, 임차인이 있는 호수 외 다른 호수의 영업 임차인, 공인중개소사무소 등이다. 건물에 대해 가장 잘 아는 사람은 건물에서 지내는 관리실이나 나른 임차인들이므로 그들을 만나는 것이 정말 좋다. 특히 관리사무소장은 '어떤 업종이 잘 되는지, 어디 가게가 잘 영업하는지, 영업력은 어떤지까지 알 수 있다. 다른 임차인을 만나서 상가관리 및 관리실에서 알 수 없는 많은 정보를 조사 후 공인중개사무소를 찾아가는 것이다. 그렇다면 공인중개사의 말을 검증할 수 있고 좀 더 객관적으로 알 수 있다.

이번 장에서 부동산 임장에 대해 몇 번이고 중요성을 밝혔다. 전술한 부동산 임장 체크리스트를 성실히 채워나간다면 성공투자의 길로 안전하게 갈 수 있을 것이다.

입지와 상권이
같은 것이라고?

    부동산 입지와 상권을 살펴보는 이유는 부동산의 가치를 판단하기 위해서다. 부동산이 어떤 상권에 어떤 입지에 위치하느냐에 따라 부동산의 가치는 천차만별이다. 즉, 이것은 경매 수익과 직결되는 문제이기도 하다. 여기서 살펴볼 부동산 입지와 상권은 창업을 위한 입지와 상권분석의 차원이 아니라 순수한 부동산 가치를 판단하기 위한 것이다.

    먼저 상권과 입지의 개념부터 살펴보기로 하자. 상권과 입지는 엄연히 다르다. 그런데 사람들은 상권와 입지의 개념을 동일시하기도 하고, 혼용해 사용하기도 한다. 먼저 상권(商圈)의 의미는 일정한 지역을 중심으로 재화와 용역의 유통이 이뤄지는 공간적 범위를 말한다. 상품 판매가 가능한 지역적 범위로 영어로는 'Trading area'이다.

    입지는 인간이 경제활동을 하기 위해 선택하는 상소를 말하는 것으로, 경제활동의 종류에 따라 입지가 각기 다르게 결정된다. 입지 결정 요인으로는 지형·기후 등의 자연적 요인, 수익성·지가·임대료 등의 경제적 요인, 소비자 연령층·소득 수준 등의 문화적 요인, 도로와의 접근성과 주차 공간 등의 교통 요인, 소비 형태·입지 결정자의 정서 등과 같은 심리적 요인 등이 있다. 정적이고 한정적인 공간을 지칭하는 'Location'과 동일한 뜻이다. 다시 말하면 상권은 넓은 지역을 의미하고 입지는 그 지역에서 하나의 점을 찍는 것 정도로 이해하면 좋을 듯하다.

입지는 정적인 반면, 상권은 유동적이라고 볼 수 있다. 상권은 마치 살아있는 생물처럼 병들고 죽는데 그 나름의 수명이 존재한다. 죽기도 하고 되살아나기도 한다. 그렇다면 정적이라고 말한 입지는 변화가 없을까? 'Location'은 변할 수가 없다. 하지만 주변 환경에 따라 변동이 생길 수 있다. 좋은 입지 조건의 다섯 가지 요소로 가시성, 접근성, 인지성, 편의성, 홍보성이 있다. 이것들은 기타 시설의 유입, 접근성의 변화 등에 영향을 받는다.

입지는 경제활동을 하기 위해 선택하는 장소다. 어떤 경제활동을 하느냐에 따라 입지가 다르게 결정된다. 물론 상권이 좋고 그 좋은 상권에 입지가 좋은 곳이 금상첨화다. 삼척동자도 아는 것이다. 그러나 우리가 상권와 입지, 모든 조건을 갖춘 부동산을 구매하기는 어렵다. 그만큼 비싸기 때문이다. 그럼 상권과 입지 중 어떤 것이 우선 돼야 할까? 단연코 입지라고 말하고 싶다. 나는 소상공인지도사 1급 자격증을 보유하고 있다. 과거 창업자를 대상으로 상권과 입지 강의를 여러 차례 한 경험이 있다. 대학교평생교육원, 실업계고등학교, 교도소재소자 등을 대상으로 상권과 입지 강의를 했다. 강의 경험은 좋은 부동산을 선택하는 데 아주 훌륭한 무기가 됐다.

입지가 좋다는 것은 접근성과 가시성이 좋다는 의미다. 입지가 좋은 물건을 찾기 위해 우리는 사거리의 코너 부분을 선호한다. 상권은 좋고 입지가 좋지 않은 물건과 상권이 좋지 않은데 입지가 좋은 물건, 이 둘 중 하나를 선택하라면 당연히 후자가 낫다고 생각한다. 이 문제는 이분법적으로 판단할 수는 없으나 우리가 물건을 고를 때 유용한 팁이다. 실무에서는 상권과 입지를 동일시해 사용하는 경우가 있다. 그렇지만 각각 다르게 분석해야 한다. 상권을 먼저 분석하고 다음으로 입지를 분석해야만 한다. 상권분석 시스템으로는 정부에서 제공하는 '소상공인 상권분석 시스템(http://sg.sbiz.or.kr/main.sg#/main)'을 활용할 수 있다. 여기서 상권분석, 입지분석, 경쟁분석, 수익분석 등을 할 수 있다. 상권에 관심이 있거나, 부동산 가치를 알고자 하는 사람은 누구나 무료로 이용할 수 있다. 특히 창업을 염두에 둔 사람들은 유용한 정보가 많이 있다.

인구의 증감 추이를 아는 것 또한 중요하다. 인구의 증감에 따라 상권이 변하기 때문이다. 이는 통계청의 'KOSIS 국가통계포털'을 활용하면 인구증감에 대한 정보를 수집할 수 있다. 또한, 각 지방자치 단체의 도시기본계획을 보면 향후 인구의 증감 예상 수치를 알 수 있다. 이 또한 미래의 상권변화를 예측하는데 훌륭한 자료가 된다.

상권은 살아있는 생명처럼 성장하고 쇠퇴한다. 상권을 움직이는 중요한 요인 중 하나가 교통망이다. 도시 개발 사업에 따라 지하철이나

도로가 생기면 상권이 움직인다. 일반적으로 왕복 4차선 이상의 도로는 상권을 분할하지만, 건널목이 있다면 상권이 더 이어지는 경우도 있다. 또 상가 앞에 6차선 이상의 도로나 하천, 둑 등이 있으면 피해야 한다. 접근성이 떨어지기 때문이다. 하지만 도로 폭이 넓다고 모든 상권이 단절되는 것도, 좁다고 이어지는 것도 아니라는 사실을 명심해야 한다. 발품을 팔아 직접 확인하는 것이 가장 좋다. 동서고금을 막론하고 부동산은 입지다. 타이밍이고, 상품이고, 시세고 모두 입지를 기반으로 해석할 줄 모른다면 아무 의미 없다.

'부동산은 입지다'라는 측면에서 어떠한 상권, 즉 어떤 세력이 있는 곳에 입지를 선정해야 하는지를 살펴보자. 단연코 일자리 상권이 최고이고 최우선 검토대상이다. 서울 강남권의 부동산이 왜 가장 비쌀까? 정답은 일자리에 있다. 시군구 단위로 보면 강남구의 일자리가 70만 개로 가장 많다. 강남구 인구는 50만 명 정도인데 말이다. 거주 인구보다 일자리 숫자가 많다. 강남구의 주택가격이 높은 이유기도 하다. 일자리, 교통, 교육, 상권이 모두 갖춰진 입지가 바로 강남권이다. 이 모든 것의 기초가 일자리다. 부동산은 주변에 일자리가 있을 때만 진정한 가치를 갖는다. 즉, 일자리가 수반되지 않는 부동산은 가치가 없다. 그래서 직주근접에 해당하는 부동산을 찾아내야 한다.

얼마나 많은 일자리가 해당 지역에 있는지와 직주근접은 부동산 가격에 긍정적인 영향을 주고 있다. 여러 가지 방법이 있지만, 오늘은 크레딧잡(https://www.kreditjob.com)이라는 사이트를 통해서 전국의 일자리 숫자를 확인하는 방법을 알아보자. 크레딧잡에 접속해 기업현황을 검색해보면 전국 일자리 개수는 약 1,000만 개인데 그중 서울은 355만 개로 약 36%, 경기는 230만 개로 23%, 인천은 40만 개로 4%, 합계 62%가 수도권에 몰려있다는 것을 알 수 있다. 수도권에 사람이 몰리고 부동산 가격이 상승하는 이유가 바로 여기에 있다.

입지의 중요성을 단편적으로 나타내는 신조어가 자주 사용되고 있다. 기존 숲세권, 역세권 등을 넘어 학원과 편의시설, 도로명을 붙이기도 하는가 하면 유명 브랜드까지 붙여 X세권이라는 말로 불리고 있다. 대표적으로 영세권은 영어학원 인근을 말하며, 학세권은 학군을 갖춘 주거 권역을 뜻한다. 비슷한 신조어로는 초품아(초등학교를 품은 아파트) 등이 있다.

옆세권은 서울과 가깝다는 뜻으로 부동산 입지를 설명하는 말이다. 대형 쇼핑몰 인근이라는 뜻의 몰세권처럼 '서울 옆'을 강조하기 위해 파생된 말이다. 또 맥세권(맥도널드), 쓱세권(SSG), 슬세권(슬리퍼와 같은 편한 복장으로 여가 및 편의시설을 이용할 수 있는 주거 권역) 등도 널리 사용되고 있다. 이렇듯 우리는 입지의 중요성을 생활 전반에 걸쳐 인식하고 있고 유행어를 통해 확산시킨다.

상권과 입지는 정치, 사회, 문화, 경제에 따라 변화가 있다. 따라서 '강남이 좋은 상권이다'라는 식으로 말하기 어려운 경제용어다. 부동산을 선택할 때 임장의 중요성이 대두되는 것도 이와 같은 맥락이다. 또한, 상권과 입지는 불가분의 관계로 종합적으로 분석해 부동산을 보는 시각이 필요하다.

잘 팔아야
많이 남는다

우리가 경매를 공부하고 경매 시장에 참여하는 이유는 간단하다. 바로 돈을 벌기 위함이다. 이제까지 좋은 물건을 싸게 사는 방법에 대해 알아봤다면, 그 물건을 잘 팔아서 수익을 현실화시키는 작업인 매도 전략에 대해 알아보자.

시장에서 가격이 정해지는 원리는 비교적 간단하다. 즉, 수요와 공급의 법칙, 그 이상도 그 이하도 아니다. 내가 내 물건을 비싸게 팔고 싶다면 많은 수요자를 확보해야 한다. 누구나 사고 싶어 하는 가치를 부여하는 작업을 해야 한다는 것이다. 간단하지 않은가? 다음에서 하나씩 살펴보기로 하자.

그 방법으로는 건물의 가치를 올리는 방법. 심리를 이용하는 방법, 정책을 이용하는 방법, 미래가치를 향상시키는 방법 등 네 가지로 요약할 수 있다.

물건의 가치를 올리는 방법으로는 첫째, 부동산 건물의 인테리어 및 익스테리어에 신경을 써야 한다. 특히 요즘은 외부 벽체에 신경을 더욱더 써야 한다. 이 부분은 소유자의 감각과 전문 시공자의 기술이 잘 어우러져야 한다. 사람은 어느 것이나 이쁘면 눈길이 가기 마련이다. 비용을 많이 들여 도시에서 가장 이쁜 집으로 만들라는 얘기가 아니다. 적어도 옆집과는 확연히 차이가 날 정도면 충분하다. 누구나 비교하기를 좋아하고, 비교 우위를 선택하고 싶은 욕망이 있다. 확실한 차별화를 시켜야 한다. 양호한 정도를 말하는 게 아니라, 탁월한 차이를 말하는 것이다. 장판이나 도배를 새로 하거나 집이 넓게 보이도록 거실이나 방 안의 불필요한 물건을 치우는 것도 좋다. 땅을 매도한다면 평탄 작업이나 잡초를 제거하는 등의 노력으로 물건을 예쁘게 다듬을 줄 알아야 한다.

내가 잘 아는 후배 A의 사례를 들려주겠다. A의 직업은 포크레인 기사다. A는 경매로 주로 땅을 매수하는데, 남들의 관심이 없는 경사도가 높은 땅들을 싸게 구입한다. 시간만 나면 포크레인으로 경사도를 낮추는 작업을 한다. A가 하는 것은 평탄 작업과 잡초제거 작업이 전부다. 하지만 매도 시 충분한 보상을 받고 있다. A는 년 1억 원 이상의 수익을 올리고 있다. 1년에 1건만 작업하자는 본인의 기준으로 오늘도 경매 물건을 검색하고 있을 것이다. 인테리어 방법에 대해서는 본문에서 별도로 다루고 있으니 참고 바란다.

다음으로 매수자의 심리를 이용하는 방법이다. 매수자와의 약속을 조절해 매물의 방문시간을 10분 단위로 편성하라. 매수자를 현장에서 겹치게 연출하라. 즉 시간차 공격을 하겠다는 것이다. 이는 경쟁심리를 이용하는 방법이다. 나는 이 방법을 애용한다. 매수 희망자들을 단독으로 만나는 경우는 별로 없다. 시도해보면 의외로 효과 만점이다. 내 경험담을 들려주면 필로티로 돼 있는 2층의 아파트의 매도 경험 사례다. 필로티 구조는 1층에 사람이 살지 않아 층간소음 문제에서 해방되는 좋은 물건에 속한다. 집을 구경하러 오는 시점에 두 팀의 매수 희망자들이 방문했는데 시간 간격은 10분 차이였다. 두 집 다 아이들이 있었고, 첫 번째로 방문한 가족은 아이가 2명인데 둘 다 사내아이였다. 아이들이 활기차게 놀고 있었고, 그 모습을 두 번째 방문 가족이 보게 된 것이다.

필로티 구조를 보러 오는 사람들은 층간 소음문제로 아랫집에 피해를 주는 아이들의 부모가 대부분이다. 그 점을 적극적으로 활용한 것이다. 아이들이 뛰어노는 모습을 보며 집을 구경했으니 어떠했겠는가? 결국, 두 집에서 매수희망을 해서 행복한 고민을 했고, 가격도 내가 제시한 가격에 잘 매도했다.

이 집에 와서 성공한 사람의 성공담을 들려주는 것도 좋은 방법이다. 부동산은 물리적인 부동산 자체도 중요하지만, 누가 그 공간을 이용하고 있었는지도 그에 못지않게 중요하다. 그리고 현재 살고 있는 세입자가 있다면 세입자의 심리를 이용하자. 세입자에게 우선으로 매수 의향을 물어라. 우선으로 세입자에게 매도 의사를 밝히고 시세보다 약간 낮은 가격에 매입을 권유하는 것이 좋다. 세입자도 이사비, 중개

수수료로 목돈을 쓰는 것보다 살던 곳에서 계속 사는 것을 선호할 수 있기 때문이다. 설령 세입자가 매입할 의사가 없더라도 좋은 관계 유지에 신경을 써야 한다. 그래야 부동산 중개인과 매수자가 집을 보러 올 때 편하게 볼 수 있고 집이 나갈 확률이 높아진다.

이번에는 정책을 이용하는 방법에 대해 알아보자. 정책의 핵심은 세금부담 문제다. 세금을 중심으로 자세히 알아보자. 우선 세법을 고려해 매도 순서를 정해야 한다. 부동산을 적절한 타이밍에 팔기 원하는 시장 참여자들은 우선 최근 발표된 정부정책부터 정리해야 한다.

최근 정부는 부동산 투기수요 억제책의 일환으로 금융규제 강화와 다주택자들에 대한 세금을 대폭 강화했다. 부동산 투기수요는 최대한 억제하고 당장 필요치 않은 부동산은 시장에 내놓게 하는 게 정부정책의 핵심이다. 이로 인해 종전에 기준시가로 과세 됐던 경우보다 세부담의 증가가 예상된다.

한편 해당 규제가 비사업용 및 부재지주에 국한해 중과세된다. 따라서 보유 토지를 사업용으로 전환하는 것과 농지 소재지 등으로 이주하는 것도 생각해 볼 수 있다. 팔 사람을 위한 실전 가이드로 1가구 2주택자는 실거래가로 양도세가 적용받는 아파트보다 기준시가 적용을 받는 지역의 아파트를 우선 매도하는 전략이 재테크 관점상 바람직하다. 구체적으로 보면 수도권 지역의 1억 원 이하와 지방(광역시 군 지역, 경기도 도농 복합시의 읍.면 지역, 기타 도 지역)의 기준시가 3억 원 이하 주택은 시간을 가지고 지켜볼 필요가 있다. 또한, 나대지를 갖고 있는 경우 건물을 서둘러 짓는 것도 종부세를 피하는 방법이다. 농지를 대지로 형질 변경한 경우에는 종부세 과세 기준일(매년 6월 1일)까지 착공해야 종부세를 내지 않는다. 업무용 토지의 경우 기준시가 40억 원이 넘어야 종합부동산세의 대상이 된다.

요즘 같이 전반적인 부동산 시장 하락기에 상담하다 보면 제때 집이 안 나가 이사 가지 못하거나 내지 않아야 할 세금을 내는 경우가 비일비재하다. 장기적으로 보면, 늘어나는 세금만 가지고 매도 여부를 결정하는 것은 바람직하지 않고 보유 부동산에 대한 미래 투자가치를 먼저 따져 봐야 한다. 이를 바탕으로 투자가치가 없는 물건은 과감히 매도해야 한다. 또 세금을 고려하더라도 투자가치가 탁월하다면, 보유하거나 기준시가가 더 오르기 전에 자녀에게 증여하는 것도 좋은 방안이다. 처분할 부동산을 골라라 부동산을 많이 보유하고 있다고 해서 전부 돈이 되는 것은 아니다. 오히려 보유세의 영향으로 무거운 짐이 될 수도 있다. 따라서 하루라도 빨리 보유해야 할 것과 처분해야 할 부동산을 판단해 매도하는 것이 좋다. 세금에 관한 문제는 워낙 복잡하고 어렵다. 전문가의 도움을 받는 게 유리하다.

부동산의 미래가치를 향상시키는 방법에는 뭐가 있을까? 향후 개발계획, 재건축, 재개발 관련, 도시기본계획참고, 각종언론보도 등을 활용해보자. 재건축 재개발 지구 등이 지정돼있는 지도를 거실에 걸어둬라. 매수 희망자에게 현재의 부동산 용도보다 가격이 더 올라갈 수 있는 용도를 제시하거나 미래 개발계획의 전망을 알려주고 매물의 장점과 가치를 브리핑하는 것도 좋은 방법이다. 가령 향후 바뀌게 될 내용을 지자체 도시기본계획 또는 교통계획 서류를 프린트해 자료로 만들어 제공하면 매수자에게 믿음을 심어줘 투자 강점으로 작용한다. 능력 있는 중개업소와 전속 중개를 선택하고 수수료를 넉넉히 주겠다고 먼저 얘기하라. 어떻든 매수인을 소개하고 안내하는 동반자로 부동산 매매 계약에서 공인중개사들의 역할은 대단히 중요하고 크다. 그 외 여러분만의 매도 전략이 있겠지만, 핵심은 수요와 공급의 원칙에 충실한 매력적인 물건으로 만들어내는 것이다.

립스틱 짙게 바르는
인테리어 변신

여성들이 아름다워지기 위해서 화장을 한다. 그중 마지막에 하는 화장이 입술에 립스틱 바르는 행위라고 알고 있다. 이것은 말 그대로 화룡점정인 것이다. 여성들이 립스틱을 짙게 바르는 이유는 한 가지다. 아름답게 보이기 위함이다. 상대가 누구든 '아름다움'을 나타내기 위한 여성들의 행위는 그 자체가 아름다움이다.

아름다움의 정의가 무얼까? 사전적 정의는 모양이나 색깔, 소리 따위가 마음에 들어 만족스럽고 좋은 느낌을 아름다움이라 하고 있다. 아름다움은 눈에 보이지 않는 권력이다! 아름다움은 잘하는 사람에게는 칭찬의 도구가 되고 실수한 사람에게는 용서의 도구가 되기도 한다. 세상의 모든 것이 아름답게 꾸며서 나쁠 것은 없다. 사람이든 사물이든 마찬가지다.

우리는 아름답게 살기를 바라고 아름다운 사람과 더불어 살기를 희망한다. 우리가 낙찰받은 물건 또한 마찬가지다. 낙찰받은 물건을 아름답게 꾸민다면 매매도 잘될 뿐 아니라 비싼 값에 처분도 가능하다.

이렇듯 낙찰받은 물건을 그냥 처분할 게 아니라 아름답게 만드는 행위가 실내장식이다. 인테리어는 전문가의 영역이라고 여길 수 있지만, 소유자의 가치관과 감각에 따라 인테리어의 효과는 큰 차이가 난다.

인테리어는 크게 골조, 마감, 홈퍼니싱 등 세 가지 과정으로 나뉜다. 골조는 집의 형태를 만드는 것이다. 즉, 뼈대를 만드는 것이다. 마감은 뼈대 위에 살을 붙이는 과정으로, 외부마감과 내부마감으로 나뉜다. 외부마감은 외벽의 마감을 말한다. 내부마감으로는 도배, 장판, 타일 등이 있다. 일반적으로 내부마감 과정을 인테리어라고 말한다. 마지막으로 홈퍼니싱이란 가구로 공간을 꾸미고 커튼 등으로 치장하는 과정이다.

다음은 인테리어 스타일에 대해 알아보자. 인테리어 스타일은 모던스타일, 내추럴스타일, 클래식스타일 등 세 가지로 분류할 수 있다. 컨셉을 잘 선정해 그 컨셉에 맞게 통일되게 한다면 훌륭한 인테리어가 될 것이다.

인테리어 공사 방법으로는 본인이 직접 하는 셀프공사, 인테리어 일체를 일괄 위임하는 도급공사, 부분적으로 도급하는 직영공사 등이 있다. 인테리어 공사 방법 중 하나만을 고집하고 할 수 없고 혼용하며 진행하게 되는데 직영공사의 이해를 통해 인테리어 공사의 과정을 이해한다면 경비절감과 공사품질에 대해서도 잘 알 수 있다. 직영공사의 진행 과정을 다음과 같다. ①공사범위 선정 ②자재 스펙 결정 ③예산

산출 ④견적 상담 ⑤마감재 선정 ⑥공정표 작성 ⑦현장관리 ⑧준공청소 ⑨입주 순이냐.

부동산 투자에서 인테리어는 불가분의 관계다. 임차인의 마음에 드는 공간을 제공해 세입자를 빨리 들이고 다른 투자 물건들보다 잘 팔리게 할 수 있는 핵심 무기가 바로 인테리어기 때문이다. 그래서 부동산 투자자라면 반드시 인테리어에 관심을 가져야 하고 제대로 알아야 한다. 인테리어를 하는 데 무엇보다도 신경 써야 하는 대상은 여성이다. 왜냐면 대부분의 가정에서 주택 선택에 여성들의 결정권이 우선시되기 때문이다. 주로 집안의 생활은 주부 위주의 생활패턴으로 이뤄진다. 여성이 주로 사용하는 공간이므로 여성이 사용하기 편하게 인테리어를 하는 게 중요하다.

그런 관점에서 부동산 가치를 상승시키는 좋은 인테리어를 할 때 가장 먼저 손봐야 할 곳은 욕실과 주방이다. 주방은 물과 불, 전기를 모두 사용하는 공간이며 여성의 생활공간이다. 주방은 예뻐야 하고 넓어야 한다. 더해 하루의 시작과 마감을 동시에 할 수 있는 욕실의 중요성은 더 말할 필요가 없다. 특히 이 공간은 여성들이 주로 사용하는 공간으로 많은 신경을 써야 하는 공간이다.

여성의 마음을 사로잡아야 좋은 인테리어다. 여성의 마음을 사로잡을 수 있는 인테리어에 대한 감각을 익히고 싶다면 아파트 분양모델하우스를 방문해보라고 권유하고 싶다. 분양에 혈안이 돼 있는 건설사 입장에서 모델하우스를 어떻게 꾸미느냐에 따라 분양률은 크게 차이가 나기 때문에 최신의 공법과 최신의 세련된 자재를 사용해 모델하우스를 꾸민다. 최근 트렌드를 반영한 모델하우스 인테리어는 아파트 분양을 위해 찾아온 이들의 시선을 집중시키며 집에 대한 긍정적 인식을 높여주는 매우 중요한 홍보 요소다. 아파트 분양 모델하우스는 건설사에서 분양 성공을 위해 사람들이 좋아하는 인테리어로 꾸미기 마련이다. 그렇다 보니, 모델하우스에만 가봐도 어떤 인테리어가 사람들의 관심을 끄는지 알 수 있다. 집값을 높이는 부동산 인테리어에 대한 기준을 잘 모르겠다면 여러 모델하우스를 참고해 우리 집의 가치를 높일 수 있는 대안을 찾아보는 것도 좋은 방법이 될 수 있다.

또한, 공간의 공식을 제대로 배울 수 있는 곳이 바로 모델하우스다. 그래서 이 공간의 공식에 따라 전용면적 59㎡(17평)는 가볍고, 밝고, 환하게, 84㎡(25평)는 조금 무게감 있게, 110㎡(33평) 이상은 진한 무게감으로 연출한다. 좁은 집이라고 생각했는데, 막상 집에 들어가면 훨씬 넓어 보이는 집이 있다. 이것은 공간의 공식을 잘 적용한 사례다. 동일한 면적대의 집이라 해도 도배지의 컬러, 조명, 바닥재 컬러 등 여러 요인으로 인해 집의 면적이 전혀 다르게 느껴진다. 그래서 좁은 집일수록 도배지를 화이트로 선택하는 경우가 많다. 화이트 계열의 색상으로 벽지와 가구를 통일하면 개방감이 들어 다른 색상보다 공간이 더 넓어 보이는 효과를 준다. 또한, 흰 도배지와 맞춰 밝은 조명을 배치하면 개방감 효과가 커져 좁은 면적대의 집도 상대적으로 더 넓어 보이게 만들어 준다.

세상에서 하나뿐인 독특하고 개성 강한 인테리어는 집값을 높이는 데 큰 영향을 줄 수 있을까? 대답은 '아니다'이다. 누군가에게는 살고 싶은 집이 될 수 있지만, 다른 누군가에게는 살기 싫은 집이 될 수 있기 때문이다. 사람마디의 취향이 다르기에 독특하고 개성 강한 집은 집값을 올리는 인테리어가 되기에는 무리가 있다. 최근 사람들이 선호하는 인테리어 트렌드가 무엇인지 조사해 꾸준히 인기 있는 인테리어 스타일을 집에 반영하는 것이 부동산 인테리어에 중요하다.

인테리어는 투자, 가성비를 따져야 한다. 부동산 인테리어의 중요한 점은 가성비에 있다. 많은 돈을 인테리어에 들이기보다는 기본에 충실한 가성비 인테리어를 통해 투자 대비 큰 수익을 내라는 것이 부동산 인테리어 전문가들의 의견이다.

비싼 벽지, 마루, 시스템보다는 기본적인 인테리어 아이템으로 집을 깨끗하고 넓어 보이게 만드는 것이 부동산 인테리어의 핵심이다. 사람마다 자신의 스타일로 집을 꾸미고 싶어 하기에 인테리어 요소가 많은 집보다는 기본에 충실한 집을 선호할 가능성이 크다. 집값을 올리기 위해 무리한 인테리어 투자를 하기보다는 기본에 충실한 가성비 인테리어가 집값 상승의 핵심이다.

또한, 인테리어 공사는 필요경비에 해당하므로 현금영수증 등 증빙서류를 잘 챙겨야 양도소득세를 줄일 수 있다. 집의 가치를 높이기 위해 치른 각종 비용은 자본적 지출로 분류돼 필요경비로 인정되는 만큼 세밀하게 챙길 필요가 있다. 인테리어 공사 및 발코니 확장 비용과 샷시 설치, 보일러 교체 등이 자본적 지출에 해당한다. 에어컨도 천장에 영구적으로 설치한 시스템 에어컨은 자본적 지출로 본다. 자본적 지출에 해당하는 각종 비용의 근거를 세무사와 상의를 통해 증빙한다면 많은 세금을 아낄 수 있다. 그리고 인테리어 공사비용을 줄이기 위해서는 토탈 인테리어 업체보다는 개별 인테리어 업체에 맡기는 게 유리하다. 물건지 근처의 공인중개사 사무실의 추천을 받는 것도 좋은 방법이다. 인테리어 후의 매도나 임대차 등의 협조를 받아야 하는 공인중개사와 미리 친해지고, 또 인테리어 공사의 내용을 알기에 매도나 임대차 때 훨씬 유리하다.

인테리어는 하나의 투자라고 생각해야 한다. 어떤 사람들은 인테리어 자체에 특별한 의미가 없다고 생각할 수 있다. 하지만 이 사소한 디테일에서 모든 것들이 변화한다는 것을 인지하는 것이 중요하다.

이상 인테리어에 대한 개괄적인 면만 살펴봤다. 물론 이것은 인테리어의 극히 일부분에 속하고 전문적인 기술자와 상의하는 게 당연하다. 필자는 예쁘게 다듬어야 한다는 것을 강조하고 싶었다. 기술적인 면을 얘기하고자 함이 아님을 알 것이다. 전술에서 소개한 포크레인 기사인 후배도 그저 땅을 다듬기만 했을 뿐인데 땅 모양이 예뻐진 것이었다. 부동산이 예뻐지면 수익과 직결된다. 사람이든 물건이든 예쁘면 인기가 있고 가치를 높게 평가한다. 각자 경험이 많이 있으리라 본다. 예쁜 것에 끌리는 것은 자연스러운 반응이다.

땅 짚고 헤엄치기

 '땅 짚고 헤엄치기'란 옛날 속담으로 일이 의심할 여지가 없이 확실하다는 뜻이다. 또한, 쉽다는 뜻이기도 하다. 그럼 경매 시장에서 의심할 여지 없이 확실하려면 어떻게 해야 할까? 결론적으로 말하면 다른 투자자들보다도 많은 정보를 가져야 한다. 정보를 많이 가진다는 것은 그만큼 유리하게 작용하기 때문이다. 많은 정보를 얻는 방법에 대해서는 앞에서 밝혀 뒀다. 각종 권리분석과 임장 활동, 대출, 출구전략 등을 꼭 알아두자.

 '세상은 내가 아는 만큼 보인다'는 게 진리다. 우리가 이 책을 읽고 공부하는 이유이기도 하다. 우리는 책에서 경매에 관한 다양한 지식을 이미 배웠다. 여기서는 부동산의 거시적인 측면, 즉 숲을 바라볼 줄 아는 지식을 배워보자. 부동산 가격의 변화과정을 먼저 살펴보겠다. 우리가 부동산 가격의 변화과정을 미리 알고 공부가 돼 있다면 그 시기에 적절한 행동을 할 수 있을 것이다.

먼저 부동산 가격 폭락기의 특징에 대해 알아보자. 폭락 전 필수적으로 폭등이었다는 전제하에서 출발한다. 폭등 후 폭락이 오는 이유는 시장이 오름세가 유지되면 수요자는 상승한다고 확신하게 되고, 주변에 부동산을 통해 자산을 늘린 사람들이 많이 생겨나고, 부동산투자에 부정적이거나 관심이 없던 사람들도 시장에 참여하게 된다. 수요와 공급 측면에서 보면 수요는 감소하고 공급은 증가시장이다. 비싼 가격임에도 더 오를 것이라는 생각에 부동산 매수를 하게 되고, 그물건은 전세물량으로 시장에 공급하거나 대출로서 잔금을 치르려고한다. 그러나 이미 투자자들이 시장에 많이 진입해 물량증가로 매수자우위 시장으로 진입하게 된다. 전세물량 또한 많아져 전세가 하락으로이어진다. 이미 많이 오른 가격에 사람들은 구매하지 않게 되고 입주시기가 되면 잔금을 치를 여력이 없어 낮은 가격에 매물을 내놓는다. 이런 상황이 연달아 발생하면 폭락이 일어나는 상황이 만들어진다.

폭락기 시장의 특징으로는 매수자 우위 시장, 매매가, 전세가 동시에 하락, 부동산 정책 완화, 공급 감소 정책, 대출 LTV, DTI 규제 완화, 취득세, 양도세, 종부세, 재산세 면제 혹은 완화 등의 특징이 나타난다.

다음으로 부동산 하락 안정기가 온다. 하락이 멈추고 매매가가 진정, 전세가 상승, 투자자들이 조금씩 투자 진행. 언론 및 여론은 여전히 부정적인 분위기가 나타난다. 이 시기에는 전세가가 상승할 수있다. 전세가 상승하는 이유는 투자자들도 적극적으로 투자하지 않기 때문에 전세 공급물량이 감소한다. 집값이 하락할 것이라는 생각

때문에 집 구매를 하지 않고 전세 수요가 점점 증가한다.

부동산 하락 안정기의 특징은 매매, 전세 공급이 거의 없다. 아파트 분양 시 미분양 발생 증가, 부동산 부양 정책 발표, 매매가 변동 없이 유지되는 상태, 전세가는 계속 상승해 높은 전세가율 형성 등이다.

다음 나타나는 증상은 부동산 상승 안정기다. 투자 심리가 적극적이지 않고 부정과 긍정 측면이 50:50 정도로 혼재돼있다. 매매 가격이 조금씩 상승하기 시작한다. 매매 가격이 올라가는 이유는 높은 전세 수요로 전세가가 상승하면서 매매가를 밀어 올린다. 매매가 많이 이뤄지지는 않지만, 전세가가 계속 상승하기에 매매 호가는 점점 올라간다.

부동산 상승 안정기의 특징은 매매 매물은 많고 전세 매물은 없어 전세난이 심화된다. 임차인 중 만기 전에 새로운 임차물건을 찾는 사람의 증가로 임대수요도 증가한다. 이는 전세가 상승으로 이어진다. 매매 가격도 동반 상승하게 된다.

부동산 폭등기는 어떨까? 이때는 집값이 가파르게 상승하는 시기다. 집값이 올라가는 이유는 상승 안정기를 거치면서 집값이 상승돼 분위기가 전반적으로 확산되고, 높은 가격임에도 더 오를 것으로 생각해 원래 집을 가지고 있던 사람은 팔지 않는다. 매수 수요는 점점 증가하고 공급은 부족하게 된다. 이 시기의 특징은 매도자 우위 시장, 부동산 정책 규제 강화, 아파트 공급량 증가, 분양권 프리미엄 가격 높게 형성, 묻지마 투기 투자자들이 분양권 매수, 갭 투자자 증가 등으로 무조건 오를 거라는 심리가 작용한다. 이상에서 살펴본 부동산 가격 변화과정에 적절히 대처한다면 성공적인 투자를 할 수 있을 것이다.

다음으로 살펴볼 것은 부동산 개별의 정보를 알 수 있는 정부의 부동산 정보 통합열람에 대해서다. 앞에서 숲을 봤으니 이제 나무를 보자는 것이다. '일사편리 부동산 정보 통합열람(https://kras.go.kr:444)'이라고 불리고 있는 부동산 정보 사이트를 소개해볼까 한다. 이 사이트의 좋은 점은 집에서도 토지와 건축물 정보의 모든 것을 알 수 있다. 토지이용계획이나 개별주택의 공시지가, 건축물대장 등의 자료를 쉽게 확인할 수 있다. 아파트와 같은 다가구주택 건물에 대한 정보뿐 아니라 개별주택이나 토지에 대한 계획과 정보를 쉽게 얻을 수 있다. 재개발 투자 시 중요한 토지 분할에 관해서도 잘 알 수 있다. 개별공시지가 매년 얼마큼의 가격 상승이 있었는지 한눈에 확인할 수도 있다. 물론 24시간 이내에 발생한 실시간 정보까지는 아니지만, 중요한 부동산 투자에 앞서 중개인이 제시하는 정보와는 별개로 스스로 필요한 정보를 얻을 수 있다는 점에서 매우 유용한 사이트가 아닌가 싶다. 이 사이트의 가장 좋은 장점은 회원가입을 유도하지 않는다.

여기서 제공하는 기본정보 자료는 '증명서로서의 효력이 없습니다!'라고 안내하고 있다. 말 그대로 법적 효력이 있는 게 아니니 참고만 하라는 의미다. 대부분의 정보가 거의 일치하지만, 매매하는 경우에는 정확한 정보를 위해서 한 번 더 실시간으로 민원서류를 확인하는 것이 중요하다.

지금까지 우리는 숲도 보고 나무도 봤다. 부동산 정보를 취득하는 방법은 다양하다. 자기만의 방식이 있을 수 있지만 사실 부동산 정보를 취득하는 경로는 다 알려진 게 사실이다. 그런데도 각자가 가지고 있는 정보의 양은 차이가 난다. 왜 그런 것일까? 여러분은 그 사실을 알고 있고 정답도 안다.

어떤 생각이 떠오르는가? 그럼 그 생각대로 실천하라! 바로 실천하지 않으면 처음의 열정은 사라지고 아무것도 아닌 게 된다. 열정이 느껴지는가? 그렇다면 지금 당장 시작하라. 열정이 나를 이곳까지 데려다줬다. 당신의 열정도 당신에게도 좋은 결과를 선물할 것이다. 우리가 지식이 모자라서 못 하는 게 아니다. 우리는 다양한 지식을 가졌다. 그런데 왜 못하는가? 내 지식이 부족하다고 느끼며 새로운 지식을 더 알아야만 할 수 있다고 착각하면서 불안해하는 것이다. 절대 그렇지 않다. 자신이 하지 못하고, 실천하지 못하는 실행력이 부족한 것이지 지식이 부족한 것은 절대 아니니 안심하시라. 땅 짚었으면 이제 헤엄치러 가자!

경매는
부동산 도매 시장이다

'도매 시장'이 뜻하는 바가 무엇일까? 우리는 일반적으로 소매보다는 상위 개념으로 '싸다', '대량이다' 정도의 개념으로 이해하고 있다.

그럼 먼저 도매 시장의 구체적인 정의부터 살펴보자. 도매 시장은 생산자와 판매업자, 판매업자 상호 또는 판매업자와 산업용 수요자 간에서의 거래다. 상설시장으로서 주로 최종소비자 이외의 사람에게 물품의 매매, 교환, 기타 용역을 제공하는 시장이다. 즉, 도매거래가 이뤄지는 공간적·시간적 범위를 도매 시장이라 한다.

일반적으로 도매 시장이라고 하는 것은 구체적 시설과 제도하에서 항상 도매거래가 이뤄지는 장소(구체적 시장)를 말한다. 도매인은 생산자나 하주(荷主)로부터 상품을 위탁받아 경매거래를 주재하고, 중개인과 소매상에게 상품을 판다. 중개인은 상품을 모개로 사서 시장 안의 점포에서 매입하러 나온 소매상에게 판매한다.

도매 시장의 정의에서 의미하는 도매는 '최종소비자를 제외한 업자들 간의 거래, 대량으로 다품종 거래, 가격이 저렴한 시장' 정도로 정의될 것 같다. 이 개념을 경매 시장에 대입해 첫째로 대량의 거래를 서울의 경매 건수를 통해 살펴보자.

서울의 경매 건수

연도	경매 건수	매각 건수	매각율	매각 가율	아파트 경매건수	아파트 매각건수	매각율	매각가율
2004	31533	7464	24.7	74.7	6,182	1,972	31.9	79.0
2005	37574	11104	29.6	76.9	7,870	2,871	36.5	84.1
2006	33824	12055	35.6	82.5	7,141	3,077	43.1	91.4
2007	18872	6690	35.4	85.7	4,173	1,788	42.8	89.6
2008	14544	4578	31.5	81.6	4,158	1,460	35.1	83.6
2009	18357	5868	32.0	79.0	6,971	2,648	38.0	84.2
2010	17709	5103	28.8	75.2	6,048	2,190	36.2	80.9
2011	20100	5786	28.8	77.1	6,656	2,386	35.8	81.1
2012	22426	5603	25.0	72.8	7,942	2,544	32.0	75.5
2013	23895	6984	29.2	72.3	8,500	3,123	36.7	78.6
2014	19331	6260	32.4	77.5	5,951	2,533	42.8	88.3
2015	13746	4967	36.1	83.2	3,741	1,795	48.0	91.2
2016	10520	3795	36.1	83.4	2,632	1,283	48.7	92.0
2017	7585	2650	34.9	84.3	1,686	840	49.8	97.5
2018	6360	2299	36.1	91.6	1,232	665	54.0	103.6
2019	6686	2180	32.6	85.9	1,289	612	47.5	95.8
2020	6139	1887	30.7	90.0	823	445	54.1	101.9
2021	6361	2003	31.5	100.3	543	324	59.7	107.8
2022(1~9월)	5577	1492	26.8	94.1	596	215	36.1	94.9

출처 : 네이버블로그 '김영규 팀장의 살만한 부동산'

도표에서 살펴봤듯이 1년에 약 2만여 건이 서울에서만 나오고 있다. 전국으로 보면 얼마나 많은 매물이 나오겠는가? 현재 부동산 하락기에 접어들었다는 사실은 다 알고 있다. 그럼 향후 부동산 경매 시장

5천만 원으로 5년 만에 50억을 만든
부동산 경매 고수의 현실적인 투자 비결

은 어떻게 될 것인가? 나는 경매 시장은 호황일 것으로 생각한다. 부동산을 이렇게 싸게 살 기회가 다시 올 수 없을 것이다. 경매 시장의 전성기가 도래한 것이다. 이제 우리는 그 많은 물건 중에서 잘 고르기만 하면 된다.

둘째로 살펴볼 것은 다품종이다. 경매 시장에는 부동산의 모든 매물이 쏟아진다. 부동산 유료 경매 사이트에서 물건종류를 검색할 때 분류되는 물건의 종류는 일반적으로 5종 54개의 물건으로 분류된다. 부동산 경매 유료 사이트에 물건 종류를 자세히 살펴보면 주거용, 상업용 및 업무용, 토지, 차량 및 선박, 기타의 5개의 카테고리로 분류됐다. 하나씩 살펴보면 어마어마한 종류의 물건들이 있다. 아마 여러분의 상상을 초월할 것이다. 실제로 한 번도 들어 보지 못한 것도 있을 것이다. 공부 차원에서 살펴보자.

먼저 주거용으로는 아파트, 주택, 다가구주택(원룸 등), 다세대주택(빌라), 근린주택으로 나뉜다. 다음으로 상업용, 업무용을 살펴보면 근린상가, 근린시설, 오피스텔, 사무실, 창고, 공장, 아파트형공장, 숙박시설, 숙박(콘도) ,교육시설, 종교시설, 농가관련시설, 의료시설, 주유소(위험물), 목용탕, 노유자시설, 분뇨쓰레기처리, 자동차관련시설, 장례관련시설, 문화 및 집회시설이 있다.

다음으로 토지를 살펴보자. 대지, 농지, 임야, 잡종지, 과수원, 도로, 묘지, 목장용지, 공장용지, 학교용지, 창고용지, 체육용지, 종교용지, 기타용지, 구거, 하천, 유지, 제방, 주차장 등이 있다.

차량 및 선박은 승요차, 버스, 화물차, 중장비, 선박으로 나뉜다.

기타로 광업권, 어업권, 염전, 양어장(축양, 양식), 기타로 분류된다. 얼마나 다양한 물건이 많은가. 여기서 마음에 드는 품목을 고르기만 하면 된다.

셋째로 살펴볼 특징은 저렴한 가격이다. 부동산 구입 방법은 여러 가지가 있으나 경매보다 싸게 매수 있는 방법은 없다고 해도 과언이 아니다. 공식적으로 할인도 해주고 있다. 각 법원에 따라 차이가 있기는 하지만 일반적으로 1회 유찰 시 20~30%씩 깎아준다. 우리가 경매 시장에 참여하는 가장 큰 이유가 가격이 싸다는 데 매력을 느껴서다.

경매 시장이 부동산 도매 시장이라고 이해하겠는가? 이 도매 시장에서 우리는 자연스럽게 도매업자가 되는 것이다. 경제학에서 말하는 생산자와 소비자의 개념과 역할을 보자. 생산자는 재화를 공급한다. 소비자는 재화를 소비한다. 생산자는 우리 사회의 상위층에 해당하며 돈을 버는 계층이다. 반면 소비자는 비용을 지불하며 소비하며 하위층에 있는 게 사실이다. 생산자는 부유한 소수며, 소비자는 가난한 다수다. 부동산 시장에서 생산자는 누구일까? 당연히 건설업자다. 우리는 건설업자가 아니지만, 도매업자로서 생산자다.

또한, 경제학에서 서비스의 수요 주체에 따라 생산자 서비스와 소비자 서비스로 분류 되는데, 그중 생산자 서비스는 기업의 생산 활동을 도와주는 서비스로, 연구 개발, 시장조사, 광고, 회계, 금융, 보험, 부동산 등이 여기에 속한다. 소비자 서비스는 소비자에게 직접 제공되는 서비스로 소매업, 숙박업, 여가 및 관광, 문화 예술, 개인 및 가사 서비스 등이 여기에 속한다. 부동산이 생산자 서비스로 분류되고, 그 부동산에서 우리는 도매업자가 된다. 부동산 경매 시장에 참여하면 도매업자로서 생산자라는데 동의하는가?

부동산 경매 시장에 참여하는 도매업자로서 호황기이든 불황기든 시세보다 싸게 매수하기에 낙찰과 동시에 안전 마진이 확보된다고 볼 수 있다. 낙찰과 동시에 수익이 발생한다는 것이다.

우리는 경매 시장에 참여하기만 해도 위에서 전술한 도매업자로서 지위를 가진다. 생산자로서 좋은 물건 싸게 사서 수익을 실현할 수 있는 부동산 도매업자가 되는 것이다. 도매업자로서 생산자의 지위를 확보한 당신은 이제 부자의 삶이 기대된다.

5장

누구나 월세 받는
건물주가 될 수 있다

부의 추월차선에
진입하기

경매로 부의 추월차선으로 진입해 부자의 삶을 살 수 있을까? 과연 경매가 부의 추월차선에 진입하는 수단이 될 수 있을까? 추월이란 뒤에서 따라잡아서 앞의 것보다 먼저 나아감을 말한다. 추월차선이란 앞의 차를 앞지르기 위해 이용하는 차선을 말한다. 즉, 현재의 상태보다 더 힘을 추가로 내서 따라잡아야 넘어설 수 있다. 현재의 노력, 현재의 자산, 현재의 정신으로는 추월할 수 없다. 뒤에서 따라잡으려면 속도를 추가로 더 내야 한다. 누구나 고속도로를 주행할 때 추월한 경험이 있을 것이다. 그때를 생각해보라. 가속페달을 힘차게 더 밟아야 추월이 가능하다는 것을 경험으로 알고 있다.

경매가 가속페달 역할을 할 수 있을까? 충분히 가속페달의 역할을 할 수 있다. 본문 내용에서 가속페달을 발견하길 바란다. 여러분이 행동하기만 하면 가능한 일이다. 서점에 나와 있는 수많은 경매 책에서

'경매는 부의 추월차선으로 들어가는 수단이다'라고 한결같이 말하지 않는가?

《부의 추월차선》 저자인 엠제이 드마코가 저술한 내용에 대해 잠시 살펴보자. 저자는 어떤 방법으로 부의 추월차선으로 진입했는지, 그리고 그것이 경매와 부합하는지 보자. 먼저 출판사 서평을 살펴보자.

부자 되기 40년 플랜에 속지 마라.

지금까지의 '부자 되기' 책들이 이야기하고 있는 것은 절약, 금융상품, 부동산 등 수십 년을 노력해야 빛을 볼 수 있는 재테크 정보가 대부분이었다. 좋은 대학에 가서 우수한 성적으로 졸업한 뒤 빵빵한 스펙을 갖춰 좋은 직장에 취업하고, 이율 좋은 금융상품과 퇴직연금에 투자하고, 신용카드를 없애고, 절세 방법을 찾아다니고……

그러면 40년 동안 죽도록 일만 하다 당신이 65세쯤 돼 휠체어 탈 때쯤에나 부자가 될 수 있을 것이다. 저자는 경제 구루들의 진부한 가르침은 '현재의 삶을 미래의 삶과 맞바꾸라는 의미'라며 '부자가 되기 위한 40년짜리 플랜'에 속지 말라고 목소리를 높인다.

이 책은 지금까지의 '부자 되기' 책들이 말하는 것과는 완전히 다른 공식을 제시하고 있다. 저자는 조금이라도 젊을 때, 인생을 즐길 수 있을 때 부자가 돼야 한다고 주장한다. 이 책은 '돈 나무'를 심고 단시간 내에 기하급수적으로 돈을 버는 방법에 대해 수학공식처럼 치밀하고 잘 다져진 방법을 제시한다.

그는 인도, 서행차선, 추월차선으로 나눠 우리의 삶을 설명한다. 그러면서 인도나 서행차선을 달리는 평범한 삶을 '현대판 노예'로 간주하며, 젊어서 힘과 능력이 있을 때 변화를 시작하지 않으면 프로스트의 말대로 "하루에 여덟 시간씩 일하다가 사장으로 승진해 하루에 열두 시간씩 일하게 될 것"이라고 강변한다.

이 책에는 인도, 서행차선, 추월차선의 3가지의 길에 대한 이야기가 아주 상세히 적혀 있다.

가난을 만드는 지도인 인도에 있는 사람들은 비싼 사치품 좋아하는 라이프 스타일의 노예들이다. 그들은 소득이있지만 가난하다. 나이 35세 이상인데 순자산 1,500만 이하인 경우가 많다. 부채에 대한 생각은 신용카드를 이용한 할부를 선호한다. 시간에 대한 생각은 내일 죽을지도 모르니 시간은 충분하다고 생각한다. 교육은 졸업과 동시에 담 쌓았다. 돈은 자랑하는 수단이다. 돈만 준다면 어디든, 무슨 일이든 괜찮다. 부에 대한 인식은 '실컷 누리다가 죽는 사람이 승자이다'라고 생각한다.

부의 방정식은 부 = 수입 + 빚이다. 삶의 목적지는 어디인지 모르고 없다. 한탕주의가 최고라고 생각한다. 인도가 끌어당기는 것은 궁핍, 빈곤이다. 가장 중요한 핵심은 내가 지금 인도 위에 서 있는 것일지도 모른다는 사실을 깨닫는 것이다.

다음은 평범한 삶을 만드는 서행차선에 대해 알아보자.

내일에 대한 희망으로 오늘을 희생한다. 부자가 될 거라는 약속의 대가는 당신의 인생이다. 사고방식에 대해 알아보면, 부채에 대한 생각은 '빚은 악마다'라고 생각 한다. 시간은 충분하다. 부채는 더 많이 일해서 갚으면 된다. 높은 연봉을 보장하는 수단이 교육이라 생각한다. 돈은 무조건 아껴야 된다며 저축을 강조한다. 주요 수입원으로는 자신의 직업이 유일하다. 부의 전략으로는 주식, 펀드, 부동산, 퇴직연금 등 복리의 힘을 믿는다. 부에 대한 인식으로는 일,

저축의 무한반복으로 65세의 편안한 은퇴를 소망한다.

부의 방정식으로는 부 = 직업 + 투자라고 생각한다. 인생의 목적지는 인생의 황혼기의 즐기는 은퇴 후 안락한 삶을 꿈꾼다. 삶에 대한 인식은 작은 것에 만족하라!

부자를 만드는 지도 추월차선에 대해 알아보자. 통제 가능한 무제한적 영향력으로 대표되는 사업 및 라이프 스타일이 전략이다. 사고방식으로 부채는 시스템을 설계할 수 있다면 빚은 유용하다. 시간은 돈보다 중요하다. 교육은 성장이다. 성장이 없으면 곧 죽음이다. 돈은 어디나 있고, 충분히 있다. 내 사업 시스템과 투자가 수입원이다. 무에서 유를 창조하는 시장에서 가치 있는 것으로 키워내는 전략을 구사한다.

부의 인식으로는 사업시스템 설계를 통해 얻은 현금흐름과 자산 평가의 결과이다. 부의 방정식은 부 = 순이익 + 자산의 가치다. 부의 전략은 더 많은 사람을 도울수록 시간과 돈과 성취감이 올라간다. 인생의 목적지는 사업과 투자로 평생 수동적인 소득 거두기이다. 책임감과 통제력으로 인생은 내가 만들어 가는 거다. 삶에 대한 인식 내 꿈을 추구한다. 내 진짜 꿈을 실현하기 위해서 돈은 필요하다.

세 가지 길을 소개했다. 경매는 어느 길에 놓여 있는 것 같은가? 자명한 실체적인 사실이 아닌가? 경매는 단연코 추월차선에 놓여 있다. 추원차선에서 주장하고 있는 빚, 사업시스템, 교육, 시간에 대한 개념이 경매와 얼마나 닮아있는지 확인해보자. '부채는 시스템을 설계할 수 있다면 빚은 유용하다'라고 주장한다. 이 책 2장에서 '경매 수익의 핵심 대출' 편에서 빚이 수익에 얼마나 많은 영향을 미치는지 잘 설명해 놓았다.

'내 사업시스템과 투자가 수입원이다'라고 주장한다. 경매를 통한 부동산 구입으로 월세시스템을 만드는 사업시스템이 너무나 닮아있다. 또한, 지속적인 투자로 시스템을 만들어 가는 과정이 닮아있다. '교육은 성장이다'라고 주장한다. 우리가 지금 읽고 있는 책은 경매에 관한 전문서적이다. 우리는 경매교육을 통해 성장하는 것이다.

'시간은 돈보다 중요하다'라고 주장한다. 우리가 경매를 통한 진정한 부자로 가는 길은 시간과 돈에서 자유로워지기 위해서다. 부동산 월세를 받기 위해 우리가 하는 일은 경매에 참여하는 것밖에 없다. 건물의 관리만으로 월세가 들어오는 시스템, 그로부터 돈과 시간의 자유, 이게 진정한 부의 추월차선 아닌가? 경매의 방법, 즉 기술에 대해서는 이미 전술해 놓았으니 몇 번의 정독을 통해 개념을 파악하기 바란다.

추월차선을 달리는 사람들은 공통적으로 자신만의 승리 루틴을 갖고 있다. 어느 정도 성공의 경험을 축적해 나가다 보면, 이 경우에는 이렇게 해야 한다는 자기만의 행동양식이 보이게 된다. 어느 한 분야에서 성공한 사람은 다른 분야에서도 성공하는 경우가 많다. 이것은 자기만의 성공 패턴으로 승부하기 때문이다. 경매에서도 낙찰받는 사람은 그만의 낙찰패턴이 있고, 패찰하는 사람은 그만의 낙찰패턴이 있다. 늘 같은 패턴으로 움직인다.

대부분의 사람이 부자가 되지 못하는 이유는 그 사람의 노력과 과정을 보지 못하고 신기루 같은 결과만을 바라봤기 때문이다. 타인의 도전과 위험을 손가락질했으며, 노력과 희생에 대한 비하인드 스토리를 듣지 않기 때문이다. "나는 부자가 되고 싶어!"라고 말하지만 사실 마음의 목소리는 이렇게 말하고 있지 않는가? "부자 되기는 진짜 어려워!" 아마 당신이 무엇을 생각하든 그대로 될 것이다. 당신의 생각은 어떤가?

경매는 정년퇴직 없는
새로운 직장

정년퇴직 없는 '신의 직장'을 소개하고자 한다. 이 직장은 출퇴근이 자유롭다. 당연히 공휴일은 무조건 쉰다. 대체 공휴일 제도도 있다. 야근도 없다. 철저한 능력급이다. 전국에 지점이 많아 어느 지점에서나 근무할 수 있다. 재택근무도 가능하다. 어디인지 궁금하신가? 서론이 너무 길었다. 바로 경공매장이다. 우리는 쉽게 경매장에서 흰머리 휘날리는 많은 할아버지, 할머니들을 보게 된다. 실제로 그분들의 연세는 60~70대 이상이다. 그분들은 직장에서 은퇴하시고 재취업에 성공하신 분들이다. 그분들의 다양한 사회경험이 경매 고수로 가는 지름길인 경우를 나는 많이 봤다. 연륜과 경륜으로 경매장을 휩쓸고 계신 것이다.

살아가면서 연륜(年輪)과 경륜(經輪)이 필요하다. 연륜과 경륜이 쌓여야만 진정한 지혜가 생기기 때문이다. 그럼 연륜은 무엇이고 경륜은 무엇일까? 연륜은 여러 해 동안의 노력이나 경험으로 이룩된 숙련의 정도. 또는 그러한 노력이나 경험이 진행된 세월을 말한다. 그리고 경륜은 큰 포부를 가지고 어떤 일을 조직적으로 계획하는 능력을 말한다. 또한, 그러한 계획이나 포부, 세상을 다스림 또는 이에 필요한 경험이나 능력을 말한다.

아주 옛날 고구려 시대에는 '고려장(高麗葬)'이라는 풍습이 있었다고 한다. 느닷없이 웬 고려장인가 의아해할 것이다. 고려장에 얽힌 박 정승과 노모의 얘기는 연륜과 경륜에 대해 말하는데 자주 등장하는 옛날 얘기다. 단순히 옛날 얘기라 치부하지 말고 보면 시사하는 바가 크다.

고려장 풍습이 있던 고구려 때 박 정승은 노모를 지게에 지고 산으로 올라갔다. 그가 눈물로 절을 올리자 노모는 "네가 길을 잃을까 봐 나뭇가지를 꺾어 표시를 해뒀다"라고 말한다. 박 정승은 이런 상황에서도 자신을 생각하는 노모를 차마 버리지 못하고 몰래 국법을 어기고 노모를 모셔와 봉양한다.

그 무렵 중국 수(隋)나라 사신이 똑같이 생긴 말 두 마리를 끌고 와 어느 쪽이 어미이고 어느 쪽이 새끼인지를 알아내라는 문제를 낸다. 못 맞히면 조공을 받겠다는 것이었다. 이 문제로 고민하는 박 정승에게 노모가 해결책을 제시했다. "말을 굶긴 다음 여물을 주렴. 먼저 먹는 놈이 새끼란다." 고구려가 이 문제를 풀자 중국은 또다시 두 번째 문제를 냈다. 그건 네모난 나무토막의 위아래를 가려내라는 것이었다. 그런데 이번에도 노모는 "나무란 물을 밑에서부터 빨아올린다. 그러므로 물에 뜨는 쪽이 위쪽이란다." 고구려가 기어이 이 문제를 풀자 약이 오를 대로 오른 수나라는 또 어려운 문제를 제시했다. 그건 재(灰)로 새끼를 한 다발을 꼬아 바치라는 것이었습니다. 당시 나라에서 아무도 이 문제를 풀지 못했나. 박 정승이 고민하자 또다시 박 정승의 노모가 하는 말이 "얘야, 그것도 모르느냐? 새끼 한 다발을 꼬아 불에 태우면 그게 재로 꼬아 만든 새끼가 아니냐?"

중국에서는 고구려가 이 어려운 문제들을 모두 풀자 "고구려는 동방의 지혜 있는 민족이다"라며 다시는 깔보지 못했다고 한다. 그리고 당시 수나라 황제 문제(文帝)는 "고구려를 침범하지 말라"라고 당부한다. 그런데도 이 말을 어기고 아들인 수양제(隋煬帝)가 두 번이나 침범해 113만 명이 넘는 대군(大軍)으로도 고구려의 을지문덕 장군에게 대패하고는 나라가 망해 버린다.

이렇게 해서 노모의 현명함이 세 번이나 나라를 위기에서 구하고 왕을 감동시켜 이후 고려장이 사라지게 됐다는 일화가 생겼다. 그리스의 격언에 '집안에 노인이 없거든 빌리라'는 말이 있다. 삶의 경륜이 얼마나 소중한지를 잘 보여 주는 말이 아닌가? 이렇게 연륜과 경륜이 풍부한 은퇴자들이 은퇴자의 삶으로만 살아야 하겠는가? 재취업에 성공한 삶으로 인생 2막을 시작하자.

먼저 내게 수업 듣는 70대 할머니를 소개하고자 한다. 손녀에게 예쁜 공부방을 선물하고 싶은데 본인은 여력이 되지 않아 경매를 통해 자녀에게 집을 선물하고 싶으시다며 열심히 공부하고 계신 분이시다. 자녀에게 물려줄 재산은 많지 않아 자신이 경매 공부를 통해 집을 낙찰받겠다는 것이다. 매사에 적극적이시고 경매에도 꾸준히 참여하고 계신다. 이 분은 70대지만 직장을 가지고 계신 것이나 다름없다. 매일

5천만 원으로 5년 만에 50억을 만든
부동산 경매 고수의 현실적인 투자 비결

경매장에 출근하시며 그날 낙찰 물건에 대해 내게 물어보신다. 아직 낙찰을 받지는 못하셨지만, 조만간 좋은 소식이 들려올 거라 확신한다.

이뿐 아니라 주위에 경매로 재취업에 성공하신 분 중 다른 한 분의 이야기가 있다. 내가 유한킴벌리 대리점을 할 때의 일이다. 그때의 임대인은 70대 중반의 할아버지셨는데 대지 280평에 건평 300평의 조립식 건물을 내게 임대를 주고 계신 건물주였다. 대리점으로 적당한 건물이기에 매도할 것을 말씀드리니까 매도는 하지 않겠다고 하셨다. 경매로 매수한 물건인데 향후 개발계획이 있으니 팔 이유가 없다고 하신 것이다. 그리고는 몇 년 후에 실제로 개발이 돼 많은 보상금을 받았다.

그분은 원래 젊은 시절에 막노동으로 생계를 책임지셨다고 했다. 그러다 힘에 부쳐 더 이상 막노동을 하기 어려워졌는데 우연한 계기로 경매의 길로 들어서게 됐다고 말씀하셨다. 매월 25일에 월세를 꼬박꼬박 손수 받으러 오시면서 내게 말씀해주곤 하셨다. "젊은 사장, 경매를 한번 해봐, 경매만한 게 없어~ 머리만 약간 쓰면 되는데, 내 젊은 날 왜 그렇게 힘든 일을 했는지 후회가 돼. 경매는 내가 움직일 힘만 있으면 은퇴 없이 얼마든지 할 수 있잖아?" 그러시며 늘 내게 경매를 권하시곤 하셨다. 그분은 이제 90대의 할아버지가 되셨는데 200억 원대의 재산을 일구셨고, 이제 현역에서는 물러나셨지만, 아들에게 아직도 경매에 관한 조언을 아끼지 않고 계신다. 본인은 '영원한 경매꾼'으로 남고 싶다고 자식들에게 입버릇처럼 말씀하고 계신다. 지금 돌이켜 보면 그분의 말씀을 일찍 들었으면 좋았을 텐데 후회가 되기도 하지만 내가 지금 경매강의와 경매를 통한 재테크를 하고 있으니 다행이다 싶다.

그분께서 몸소 실천하신 산 지식을 옆에서 지켜볼 기회가 내게 주어졌으니 큰 행운이지 않을 수 없다.

사람들은 누구나 은퇴를 한다. 어떤 형태로든 직장인은 은퇴하게 돼 있지만, 여기서 은퇴는 월급을 받는 직장의 은퇴를 뜻한다. 은퇴 없는 직장은 존재하지 않는다. 은퇴자들은 은퇴 후에 무슨 일을 할지 고민한다. 내 주위의 친구들은 벌써 은퇴한 친구들도 있다. 특히, 올해와 내년에 은퇴를 많이 한다. 그 친구들의 한결같은 걱정은 "아직 은퇴하면 안 되는데, 아직 몇 년은 더 벌어야 하는데, 아이들 시집 장가는 보내고 은퇴해야 하는데~" 한결같은 내용이다.

반면 나는 의원을 그만둔 후, 다른 직업을 가질 것인지, 투자공부라든지 재테크에 대해 고민해본 적이 없다. 내가 하는 일이 투자공부고 재테크며, 경매 법정이 내 직장이며 전국의 부동산이 내 직장인 셈이다. 전국을 캠핑카 타고 캠핑하며, 경매 임장하면서 유유자적 보내고 있다. 인천에 가서 세입자 만나서 계약하고 월미도 놀이시설 주차장에서 하루 차박 캠핑하면서 아내와 놀이시설 타고 저녁에 회로 소주 한잔, 어떤가, 멋지지 않은가?

내일은 천안으로, 모레는 청주로, 그리고 부산까지 나는 아내와 캠핑카 타고 전국 유람 다니며 부동산 관리하면서 경매 임장을 다니고 있다. 이게 내 생활이다. 운전만 할 수 있다면 얼마든지 가능한 일이다. 은퇴는 운전할 수 있을 때까지다.

나이가 어리든 많든 학벌이 좋든 나쁘든 사회경험이 많든 적든 어떠한 경우라도 글을 읽을 줄만 안다면 경매는 할 수 있다. 건강이 허락

한다면 정년이 없다.

나는 부동산 공인중개사 자격증을 취득해 어느 정도의 부동산 상식이 있다. 그런데 내게 배우는 분들은 학벌, 재산 정도, 나이 등에서 다양하게 차이가 난다. 그런데도 다들 경매 공부를 잘하고 계신다. 그분들의 나이가 40대부터 70대까지 실로 다양하다. 글을 읽고 쓸 줄만 알고 약간의 지식만 있다면 할 수 있다. 나 또한 은퇴했지만, 경매 현장에서 현역으로 뛰고 있지 않은가?

이제 여러분의 차례다. 은퇴한 분들의 용기가 필요한 시점이다. 은퇴하지 않은 분들은 얼마나 좋은 기회인가? 지금부터 준비하고 공부한다면 은퇴 후에도 걱정없는 삶이 있으니 말이다. 그렇다고 은퇴까지 기다리지는 말기 바란다.

누구나 월세 받는
갓물주가 될 수 있다

　누구나 월세 받는 건물주, 소위 갓물주가 될 수 있을까? 그게 가능한 일일까? 물론 누구나 가능한 일이다. 이 책에서 여러 가지의 사례를 통해 여러 차례 설명한 바 있다. 그 누구나가 바로 당신이 될 수 있다. 이제 누구나를 소개하겠다. 그들은 평범한 우리의 이웃이다. 70대의 할머니, 30대의 청년, 50대의 직장인, 40대의 자영업자 등이다. 우리 옆집의 아줌마, 아저씨들의 이야기 속으로 들어가 보자. 그들이 한 것이라면 우리도 할 수 있다.

　내게 경매를 배웠던 70대 할머니 L의 사례다. 이 분이 경매 공부를 시작하게 된 시기가 2021년 2월달부터다. 그런데 L은 현재 빌라 1채를 낙찰받았다. 1회 유찰되고 2회에 응찰해 8,900만 원에 25평형을 낙찰받았다. 은행대출 5,400만 원을 받았고, 본인 투자금 3,500만 원이었다. 세입자 명도비용으로 100만 원 지출, 도배와 장판만 교체해 200만 원을 지출했다. 낙찰 후 월세로 셋팅해 보증금 1,000만 원에 월 45만 원을 받고 있다. 본인 실투자금은 2,800만 원이었다. 은행 이자 23만 원 지출, 본인 투자금 2,800만 원에 월 수익 22만 원을 보고 있다. 투자금 대비 연수익률 9.4%다.

이제 경매에 재미를 느끼셔서 낙찰받은 빌라는 1억 1,000만 원에 매매하실 계획이다. 차익실현 후 큰 물건에 응찰하시려는 계획으로 공인중개사 사무실에 매물로 내놓고 계신다. 70대 여성상을 우리는 어떻게 생각하고 있는가? 늙은 할머니로 비생산적 활동을 하는 사람 정도로 생각하는 게 일반적인 상식이다. 손자 손녀의 응석을 받아주며 지내는 평범한 할머니 정도로 생각될 것이다. 그러나 L은 할머니로만 늙기에는 열정이 너무 많은 할머니였다. 경매 공부 시간에도 누구보다도 열정적으로 수업에 임했고, 질문 또한 가장 많이 하는 열성적인 분이셨다. 지금도 L은 열심히 경매 공부하고 법원에서 자주 보는 동료다. 여전히 밝은 미소를 띠며 박카스 한 병으로 내게 조언을 구하는 맹렬 여성이시다.

다음으로 소개할 사람은 30대 초반의 사회초년병 K의 얘기다. K는 상가에 관심이 많아서 상가를 낙찰받고자 했다. K는 남들이 보지 않는 상가를 저렴하게 낙찰받아 자신의 장사 노하우를 접목시켜 건물의 가치를 상승시키고 상가의 시세차익을 보는 게 전략이었다. K는 고졸 후 여러 가지 장사를 해서 그런지 경험이 풍부했다. 프랜차이즈 본사에서도 점포개발 업무를 담당해 상권과 입지를 분석할 줄 아는 유능한 젊은이다. 무엇보다도 장사 경험이 풍부해 어떤 점포에서도 매출을 올릴 수 있는 장사 노하우가 최대의 장점이었다. 그렇기에 본인만의 확고한 성공전략으로 경매 물건을 낙찰받을 수 있었다.

K가 낙찰받은 물건은 상권이 형성돼 있는 곳이기는 하지만, 상권에서 많이 벗어난 곳으로 입지도 좋지 못한 자리였다. 상가 1층이기는 했으나 유찰 3회가 돼 감정가 대비 34%까지 떨어진 물건을 5,500만 원에 낙찰받았다. 1층 25평에 감정가 1억 5,000만 원이었으니 자리가 어떤지 짐작이 가는가? 은행대출 3,000만 원, 자기자본 2,500만 원에 인테리어 비용 2,000만 원으로 퓨전 한식업으로 창업해 월 매출 2,500만 원을 달성했다. 은행대출 이자, 제세공과금, 재료비, 인건비 등 1,800만 원을 지출하고 월 700만 원의 수익을 달성했다. 그리고는 6개월 장사 후에 건물을 1억 원에 매도했다.

K는 자기자본 4,500만 원으로 경매를 시작해 1년이 지난 후 1억 1,000만 원이란 자본금을 만들었다. 이는 자신만의 투자 철학으로 이룬 성과며 장사 노하우가 큰 역할을 했다. K는 1억 1,000만 원의 자본금으로 신도시의 5층에 나온 50평의 경매 물건을 낙찰받았다. 최초감정가 4억 8,000만 원의 물건이 2회 유찰돼 49%로 떨어진 최저입찰가의 물건을 2억 4,700만 원에 낙찰받았다. 여기서는 스터디 카페를 개업해 은행대출 1억 7,300만 원, 자기자본 7,400만 원 인테리어에 8,000만 원을 투자해 개업했다. 월 3,000만 원의 매출을 달성해 은행이자와 각종 관리비 포함 월 1,000만 원 지출하고, 월 2,000만 원의 수익을 올리고 있다.

스터디 카페의 장점은 인건비가 들어가지 않는 무인으로 운영할 수 있다는 장점이 있다. K는 현재 10개월째 영업하고 있고 점포를 6억 5,000만 원에 매도하려고 공인중개사 사무실에 내놓았다. 이 또한 K의 장사 노하우와 상권과 입지를 분석할 줄 아는 능력에 기인한 결과다. K가 부동산 경매를 배우고 불과 3년 만의 일이다. K는 현재 자산의 규모가 10억 원대다. 3년 전에 불과 5,000만 원 정도의 자본에서 10억 원대의 자산가로 성장한 것이다.

또 다른 직장에 다니고 있는 H의 이야기를 해볼까? H는 직장생활을 30여 년 했고, 이제 은퇴가 1년 남짓 남았다. 은퇴자 누구나가 그렇듯 은퇴 후를 고민하고 있었기에 자연스럽게 경매를 권하게 됐다. 주말을 이용해 6개월가량을 나와 같이 경매 공부를 했고, 본격적인 경매 투자는 2년 남짓 됐다. H는 아직 직장생활을 하고 있기에 공격적인 투자보다는 다소 소극적으로 단타 위주의 투자만 하고 있다. 주로 아파트같이 권리분석이 비교적 쉬운 물건들을 투자하고 있지만, 낙찰 건수는 많은 편이다. 1년에 3~4차례 낙찰을 받고 있다. 주로 단타 위주로 1회 투자 시 500만 원에서 1,000만 원의 수익을 내고 있다. 은퇴 후를 기약하며 지금은 가볍게 실전 연습이라 생각하며 하는 것이다.

지금까지 여러 건을 경매로 낙찰받았지만, 부동산 가격 상승으로 수익이 날 것으로 기대하고 투자한 적은 한 차례도 없었다. 낙찰받은 후 바로 팔아도 수익을 낼 수 있는 범위 내에서 입찰가를 제출했으며, 이런 방식으로 수익을 냈다. 아직 H는 월세를 받는 부동산은 소유하고 있지는 않지만, 퇴직 후에는 본격적으로 수익형 부동산에 투자할

계획을 세우고 있다. 특히 요즘 부동산 대세 하락기라 향후 부동산 경매 활황 시기로 보고 열심히 공부하고 임장을 다니고 있다.

마지막으로 자영업자인 동료 공인중개사 J의 얘기다. J는 공인중개사다. 전국의 재건축 재개발 위주의 갭 투자도 병행하고 있다. J는 현재 부동산 자산은 약 50억 원 정도다. 갭 투자와 경매를 본격적으로 시작한 지 5년 됐다.

J는 지방 광역시에 땅을 경매로 매입해 건물 신축으로 건물주로서 임대료를 받고 있다. 대지 낙찰금액 3억 2,000만 원 건축자금 7억 1,000만 원으로 대지 103평에 연면적 190평의 근린생활시설을 신축했다. 은행대출 8억 원, 현시세 18억 원이고, 지출경비로는 은행이자 350만 원이다. 수익은 보증금 5억 3,000만 원, 월 720만 원 수익이 발생하고 있다. 순수익은 보증금 5억 3,000만 원에 월 370만 원이다. 보증금은 다른 투자 용도로 활용해 부가 수익이 발생된다. 이 집을 매도 후 꼬마빌딩을 매입하고자 경매지를 열심히 보고 있다.

앞의 사례에서 보듯이 갓물주는 70대 할머니, 30대 청년, 50대 회사원, 40대 자영업자 등 우리들의 이웃에 있는 평범한 사람들이다. 특별해야 경매를 하고 월세를 받는 건물주가 되는 것은 아니다. 그들이 그러했듯이 우리도 누구나 건물주가 되어 월세를 받을 수 있다. 우리가 시간에 자유로운 부자가 되려면 시스템으로 사업을 굴려야 한다. 내가 만들어 놓은 시스템 속에서 돈이 만들어져야 시간과 돈에서 자유로운 진정한 부자가 되는 것이다. 나는 다른 곳에 가 있어도, 친구를 만나서 수다를 떨든, 심지어 골프를 치고 있다 하더라도 돈을 만들어내는 시스템을 가져야 한다. 이런 시스템을 만드는 데 있어서 부동산은 최적의 조건을 가지고 있다. 부동산을 보유하고만 있어도 월세는 매달 지급되는 시스템이지 않은가? 내가 건물에서 일할 필요는 없다. 우리가 시스템을 가진다는 것은 생산자가 된다는 의미다. 전술한 바와 같이 우리는 부동산 도매 시장에서 도매업자로서 지위를 가지고 있기에 생산자가 되는 것이다. 생산자는 부유한 소수를 말하며, 소비자는 가난한 다수를 말한다. 부동산 투자로 진짜 돈 버는 비결은 생산자의 시스템을 만드는 것이다. 당신이 이 본질에 대해 하루빨리 통달해서 이 세상을 당신의 놀이터로 만들길 진심으로 바란다.

젊을 때
돈과 시간에서 해방되기

어떤 부자가 진정한 부자인가? 진정한 부자란 돈과 시간에서 자유로운 부자가 진정한 부자다. 돈과 시간에서 자유로우려면 돈이 돈을 버는 구조를 만들어야 한다. 내 돈이 일해서 돈을 추가로 벌어들이는 시스템을 만들어야 한다. 돈이 돈을 벌어들이는 시스템을 소유하고 있으면 나는 할 일이 없다. 즉, 시간에서 자유로워지는 것이다. 돈이 돈을 버는 시스템은 바로 경매다. 나는 그리 생각하고 실천해 왔다. 난 지금 돈과 시간에서 자유로움을 만끽하며 책을 쓰고 있다. 그런데 왜 젊어서 돈과 시간에서 해방돼야 할까?

'휠체어 탄 60대 부자는 의미 없다.' 이 말은 《부의 추월차선》에 나오는 말이다. 이 말의 의미를 이해하는가? 많은 의미가 내포된 문장이다. '젊은 부자'란 키워드로 의미를 내포하고 있는 듯하다. 각자의 해석으로 남겨두겠다. 책에서 '부자 되기 40년 플랜에 속지 마라'라고 엠제이 드마코는 역설하고 있다. 지금까지의 '부자 되기' 책들이 이야기하고 있는 것은 절약, 금융상품, 부동산 등 수십 년을 노력해야 빛을 볼 수 있는 재테크 정보가 대부분이었다. 좋은 대학에 가서 우수한 성적으로 졸업한 뒤 빵빵한 스펙을 갖춰 좋은 직장에 취업하고, 이율 좋은 금융상품과 퇴직연금에 투자하고, 신용카드를 없애고, 절세 방법을 찾아다니고….

그러면 40년 동안 죽도록 일만 하다 당신이 65세쯤 돼 휠체어 탈 때쯤에나 부자가 될 수 있을 것이다. 저자는 경제 구루들의 진부한 가르침은 '현재의 삶을 미래의 삶과 맞바꾸라는 의미'라며 부자가 되기 위한 40년짜리 플랜'에 속지 말라고 목소리를 높인다.

여기서 말하는 핵심은 무엇인가? '젊어서 부자가 돼라. 늙어서 부자가 되는 것은 의미가 없다'라는 것이다. 늙은이와 젊은이를 비교하고자 함이 아니라 젊은이들에게 용기와 희망을 주고자 함이다. 오해하지 마시라. 물론 늙어서라도 부자가 되면 당연히 좋다. 그러나 젊어서 부자가 되는 게 여러 가지 측면에서 더 좋다는 정도로 이해해주기 바란다.

다음은 우리나라 유행가의 한 소절을 들려주겠다. "노세~ 노세~ 젊어서 노세~ 늙어지면 못 노나니~" 이 구절은 모두 들어봤을 것이다.

노세 노세 젊어서 노세 늙어지면 못 노나니
화무는 십일홍이요 달도 차면 기우나니라

언뜻 가사 내용만 보면 그냥 놀기나 하자는 것처럼 보일 수도 있지만, 논다는 말은 여러 가지 의미가 있다. 할 일 없이 지낸다는 말과 어울려 잘 지낸다는 말과 놓는다는 말을 포함하고 있다. 한두 구절이 민요 가락에 실리기도 했지만, 나중에 유행가 가락에 실려서 더 유명해진 노래다. 노래대로라면 '젊어서' 놀아야 한다. 맞는 말이다. 늙으면 놀기 힘들다. 노는 것도 일하는 거와 마찬가지로 힘이 있을 때 해야 한다. 그러니 젊어서 놀아야 한다. 열흘 붉게 피어 있는 꽃도 없고, 달도 보름달이 되면 바로 반달이 되고 마침내 초승달로 기울어지는 법이다. 암튼 노는 것조차도 젊어서 노는 게 좋다는 뜻이다. 노는 것조차도 젊고 힘이 있어야 좋다고 하는데 돈 버는 것은 말해 무엇하랴?

몇 년 전에 뉴욕을 중심으로 '파이어(FIRE, Financial Independent, Retire Early)족'이라는 단어가 유행했었다. 즉, 젊을 때 많이 벌어서 빨리 은퇴하자는 의미다. 원래의 취지는, 젊을 때 최대한 많은 자금을 모은 다음에, 어느 정도 이후에는 번 돈 가지고 다 쓰고 죽자는 의미였다. 여기서 포인트 몇 가지를 살펴보면 첫째, 젊을 때 쓰지 말고, 최대한 많이 벌어두자. 둘째, 몇 배를 벌기 위해, 몇 배의 일을 해야 한다. 셋째, 너무 나이가 들기 전에 모아야 한다. 넷째, 자기 스스로 돈으로 벌자다. 그런데 이게 한국으로 넘어와서 K-파이어가 되면서 다음과 같이 바뀌었다. '첫째, 젊어서 쓰고 놀아야 한다. 둘째, 일하지 않고 쉽게 몇십 배의 돈을 벌어야 한다. 셋째, 아니면 말고, 넷째, 생활비는 집에서 대주겠지'로 변질됐다.

그럼 과연 얼마나 모으면 파이어족이 될 수 있을까? 과연 얼마가 있어야 한 달을 살 수 있을까? 1~2인 가구 기준 10억 원의 현금이 있다고 가정하고 현재 은행의 예금금리를 4.5%로 보면 월 375만 원의 수익이 발생된다. 375만 원으로 생활하기에 풍족한 금액은 아니지만 1~2인 기준이니 어느 정도의 생활은 할 수 있으리라 본다.

그럼 10억 원의 현금을 모으는 데 얼마의 시간이 걸릴까? 월 100만 원 저금하면 1억 원 모으는 데 8년이 걸린다. 즉 10억 원 모으는 데 80년이 걸린다는 얘기다. 우리가 월급으로 10억 원의 현금을 모은다는 것은 불가능에 가깝다. 그러니 우리나라 파이어족 의미가 한탕주의의 파이어족으로 변질된 듯하다. 어차피 월급으로는 파이어족이 되기 어렵고 일단 쓰고 보자. 그리고 한탕으로 크게 벌자 등으로 변질된 듯하다. 우리가 투자공부를 하고 투자를 해야 하는 이유를 여기서 찾을 수 있다. 진정한 파이어 족이 되기 위해서는 젊어서 투자에 대해 공부하고 제대로 투자해야 한다.

나는 경매 강의를 여러 곳에서 하고 있다. 그러다 보니 경매에 관련된 많은 사람과 인연을 맺고 있다. 수강하는 연령층이 다양하지만, 그중에서 젊은 30~40대에 이미 경제적인 독립을 한 사람도 있고, 은퇴 후 60~70대에 경매에 입문하시는 분들도 있다. 젊은데 이미 경제적인 독립을 한 사람들은 한결같이 열정이 대단하다. 부자는 부자의 이유가 있다는 생각을 늘 하게 만드는 젊은 사람들이다. 이 사람들은 배우면 바로 행동으로 이어진다. 심지어는 배우는 과정에서 행동하기도 한다. 반면 60~70대의 분들은 소극적이다. 늘 마음만은 20대라고 말씀들은 하시지만, 그저 20대의 향수에만 젖어 있는 것이다. 20대의 마음으로 열정적인 분은 매우 드물다. 그러니 그분들은 이제 경매에 겨우 입문하시는 건지도 모를 일이다.

돈은 배움을 중단한 사람에게서 배움을 계속하는 사람에게로 이동한다. 당연한 결과다. 그러나 나는 이렇게 다시 고쳐 말하고 싶다. 돈은 배움을 중단한 사람에게서 배움을 계속하고 그 배움을 행동으로 실천하는 사람에게로 이동한다. 배우고 행동하는 것도 젊은이들이 월등히 낫다. 그런데 젊은 날을 허송세월로 보내고 늙어서 하려면 모든 게 어렵다. 왜 그런지는 모르지 않을 것이다.

직업을 버려야 할 이유에 로버트 프로스트는 이렇게 말한다. "하루 8시간씩 열심히 일하다 보면, 결국엔 사장이 돼 하루 12시간씩 일하게 될 것이다"라고. 결국, 젊은 날에 은퇴해야 돈 벌 수 있는 시간이 많아지는 것이다. 은퇴 후 투자로 돈이 돈을 버는 시간이 자유로워지는 시스템을 소유해야 한다.

로버트 기요사키의 《부자아빠 젊어서 부자 되기》의 본문 몇 구절을 소개하고자 한다. 시사하는 바가 크다.

첫 번째 소개할 문장은 내일이 아닌 오늘이 의미가 있어야 한다는 뜻이 있다. '삶에서 가장 파괴적인 단어는 '내일'이라는 단어다. 내일이란 단어를 자주 사용하는 사람들은 가난하고, 불행하고, 실패한다.' 내일이란 단어는 미래를 의미하고 미래는 희망이란 단어와 연관 지어 생각을 많이 하게 된다. 미래를 의미하는 내일을 파괴적인 단어로 규정함이 다소 혼란스럽다. 그러나 자세히 곰곰이 생각해보면 내일을 핑계로 미루지 말라는 말이다. 즉시 행동하라는 말이다.

두 번째로 소개할 문장은 '내게 가장 강력한 힘은 나 자신에게 말하는 것과 내가 믿는 것이다.' 나 자신을 믿고 내게 말하면 무엇이든 이뤄진다. 내가 생각하는 대로 이뤄진다. 우리가 젊어서 은퇴한 것은 부자가 될 수 있는 시간을 가지는 것이다.

전 세계 인구의 5%만 부자인 이유는 무엇인지 아는가? 5%만이 행동하기 때문이다. 수차례 언급한 바가 있지만, 구슬이 서 말이면 무엇하나? 꿰지 않으면? 알면 뭐하나? 배우면 뭐하나? 이 모든 것이 행동하지 않으면 아무 의미가 없는 것이다. 이 책을 읽기만 할 것인가? 읽고 알면 뭐하려고? 행동만이 답이다. 우리는 부자가 됐다고 생각하고 부자가 됐다는 사실을 믿고 행동하면 반드시 부자가 된다. 시간과 돈에서 자유로운 진정한 부자가 되자. 젊어서!

평생연금인 경매로
인생 후반전이 두렵지 않다

연금의 정의를 먼저 살펴보자. 연금이란 경제활동을 통해 소득을 벌기 힘든 노후 생활을 위해 경제활동 기간 동안 벌어들인 소득의 일부를 적립하는 제도다. 운영주체가 국가인 공적연금제도와 국가가 아닌 사적연금제도로 나뉜다.

한국의 노후소득보장체계는 세계은행(World Bank)과 OECD 등에서 제안하고 있는 다축형 체계를 갖추고 있다. 1994년 세계은행이 발간한 '노년위기의 모면'이라는 보고서는 3층 연금체계를 제시했다. 노후자금의 상당액을 연금으로 준비한다고 할 때 사회가 보장하는 연금을 1층, 기업이 보장하는 연금을 2층, 개인이 준비하는 연금을 3층으로 명명했다. 이후 2005년에 세계은행은 '21세기 노년층 소득지원(Old age income support in the 21st century)'이라는 보고서를 냈는데 여기에서는 기존의 3층 연금체계에서 1층으로 분류됐던 사회보장연금을 0층과 1층으로 세분화해 기초연금과 공적연금으로 나눴다. 현재 한국은 사회보험 방식으로 운영되는 국민연금과 같은 공적연금이 1층에서 노후소득보장체계의 근간 역할을 하고 있고, 2층의 개인형퇴직연금(IRP)과 3층의 개인연금(연금저축-나라에서 세금혜택을 주는 사적연금 등)을 통해 추가적인 노후소득을 준비할 수 있는 제도가 갖춰져 있다. 그리고 0층에는 '노인의 70%를 대상으로 하는 보편적 제도의 특성을 가진 기초연금제도'와 '저소득층 지원을 위한 기초생활보장제도'가 공공부조의 두 축으로서 위치하고 있다.

사회보장 제도로서 연금의 제도는 0층에서부터 3층까지 비교적 촘촘하게 잘 짜여 있는 듯하다. 그러나 대부분의 사람이 수령하는 연금액을 보면, 특히 좋은 직장을 가지지 못한 사람들, 즉 직종에 따른 차이로 2층 연금체계에서 큰 차이가 발생한다. 이로 인해 절대다수는 연금으로만 생활하기 곤란한 게 사실이다. 따라서 다른 수익을 창출해 생활자금으로 활용해야 하는 실정이다.

경매를 통한 수익형 부동산 구입은 부족한 연금을 채우는 수단으로 충분하다. 은퇴한 사람들의 관심은 월세가 나오는 수익형 부동산에 관심이 많다. 그도 그럴 것이 수령하는 연금으로 생활자금이 부족하기 때문이다. 수익형 부동산은 돈이 돈을 버는 시스템으로 작동돼지므로 건물주는 할 일이 별로 없다. 물론 약간의 건물관리는 필요하지만 말이다. 돈이 돈을 버는 시스템으로 부동산을 관리 운영한다면 시간에서도 자유를 얻을 수 있을 것이다. 진정한 부자는 돈과 시간에서 자유로운 사람이다. 이렇듯 월세는 연금기능을 충분히 충족할 수 있는 시스템이다.

　건물에서 발생하는 월세를 연금처럼 받는 우리 동네 쌀집 아저씨 사례를 소개하겠다. 이 분의 나이는 70대 중반이다. 젊어서부터 동네에서 쌀집을 운영한 자영업자다. 우리나라 자영업자 대부분이 그러하듯 연금불입액이 많을 리 없다. 자영업자들은 소득액이 일정하지 않아 늘 수입이 적을 때를 기준으로 생각해서 연금 불입액을 최저로 하려는 경향이 짙다. 이 분도 연금불입액은 적게 불입하셨지만 이 분은 동네에서 가장 요지의 건물을 여러 채 가지고 계신다. 본인이 아직도 관여하고 있는 쌀집도 사거리 코너건물이고, 투자로 보유 중인 건물도 또 다른 사거리 코너의 건물을 가지고 계신다. 이 건물은 경매로 구입해 15년째 보유 중이시다. 월세는 600여만 원이 나온다. 쌀집은 이제 아들에게 물려주고 본인은 월세로 생활하며 살고 계신다. 70대 부부가 600여만 원을 쓰기에는 많은 돈이다. 물론 쓰기 나름이지만 대한민국 평균에서 하는 말이다. 실제 쌀집 아저씨는 600만 원을 다 쓰지는 않고 두 분이 해외여행도 다니고, 손자들에게 용돈도 주고, 자식들에게 용돈도 준다. 평소 그분은 구두쇠로 소문이 난 분이셨는데 동네 친구들에게나 후배들에게 술을 사는 여유가 생겼다. 쌀집 아저씨가 경매로 구입한 부동산은 연금의 기능을 충실하게 하는 경매 물건인 셈이다. 이 분의 경우에서도 보듯이 상가건물에서의 월세는 부족한 연금을 충당하고 노후를 여유롭게 지내게 하는 활력소다. 평상시는 연금으로의 기능으로 충분하고 세월이 흘러가면 시세차익으로 투자의 기능도 할 수 있는 부동산 경매는 일석이조의 시스템이다.

또 한 분을 소개하자면 그분은 내게 경매 컨설팅을 의뢰하신 분으로, 연세는 60대 후반이셨는데 연금은 노령연금이 전부인 분이셨다. 생활자금으로 부족해 아르바이트도 하고, 공공근로도 하시고, 가끔 자식들에게 용돈도 받으시며 겨우 생활을 하시고 계신 분이셨다. 그런데 그분께는 자식들도 모르는 현금이 1억 원 정도 있었고, 본인이 거주하는 조그마한 빌라를 소유하고 계셨다. 이런 상태에서 내게 상담을 하러 오셨다. 일단 집을 처분해 8,000만 원의 현금을 마련했다. 현금자산 1억 8,000만 원으로 경매 물건을 찾았다. 본인도 거주해야 하기에 다가구주택 위주로 물건을 검색해 적당한 물건을 찾았다. 1980년대 지어진 오래된 건물이었다. 과거의 여관건물이었는데 현황상 원룸으로 개조해 사용하고 있었다. 대지 63평에 방이 무려 18개인 건물이었다. 최초감정가 3억 5,000만 원인 물건이었으나, 1회 유찰돼 최저매각가격이 2억 5,000만 원이 되었고 2억 7,000만 원에 낙찰받았다. 수리비용으로 5,000만 원을 들여 본인이 거주할 주인세대와 세입자 방으로 15개를 만들었다. 전문가의 도움도 받았지만 셀프 인테리어를 병행해 집을 완전히 새집으로 탈바꿈시켰다. 그 동네에서는 가장 깨끗한 집이 됐다. 새로운 세입자들에게 인기가 있어 빨리 세입자를 맞출 수 있었다. 방 4개는 1억 7,000만 원으로 전세를 놓아 은행대출 없이 자금을 충당했다. 나머지 10개의 방은 월세를 놓아 보증금 3,000만 원에 월세 250만 원을 받고 있다. 월세 250만 원으로 본인의 생활비를 충당하고도 남아 손자들 용돈도 주고 가끔 며느리에게 용돈도 주시고 계신다. 너무 행복해하시는 모습을 보면 '내가 경매를 하길 잘

했구나'라는 생각이 든다. 이 분은 노령연금만 받으시다 추가로 월세 250만 원을 받게 되시니 생활이 윤택해졌다며 내게 연신 고맙다는 말씀을 하신다. 이 건물은 어르신의 평생연금인 것이다. 이 지역의 용도지역은 중심상업지역이고 지하철역도 200미터 거리 내에 있어 재개발 이슈로 활발하게 논의가 되는 지역이다. 얼마든지 차익실현도 가능하리라 본다.

욜로족의 대명사라고 생각되는 30대의 연금방식에 대해 소개하겠다. 욜로란 '인생은 한 번뿐이다'를 뜻하는 'You Only Live Once'의 앞글자를 딴 용어로, 현재 자신의 행복을 가장 중시하며 소비하는 태도를 말한다. 즉, 미래 또는 타인을 위해 희생하지 않고 현재의 행복을 위해 소비하는 라이프스타일이라 할 수 있다. 따라서 욜로를 추구하는 욜로족은 내 집 마련이나 노후 준비보다 지금 당장의 삶의 질을 높여줄 수 있는 취미생활, 자기계발 등에 더 많이 투자하는 특징이 있다. 이들의 소비는 단순히 물욕을 채우는 것을 넘어 자신의 이상을 실현하는 과정에 있다는 점에서 충동구매와 구별된다.

이렇게 정의되는 욜로족인 30대 K의 소개를 전술에서 소개한 바가 있다. K는 현재 경매로 낙찰받은 근린생활시설에서 음식 장사를 하고 있다. 대지 56평에 건평 98평으로 3층은 본인 거주하고 2층은 투룸 1세대 쓰리룸 1세대, 1층은 점포 2개인 상가주택건물이다. 나머지 상가와 주택에서는 월세를 받고 있다. 비록 적은 월세라 생각될 수 있는 120만 원이지만 충분히 미래의 연금으로의 기능은 충분히 담당하리라 본다. 지금 연금을 받는 것은 아니지만, 미래의 연금수령액을 위해 자영업자 최고의 불입액을 넣고 있다. 이 또한 건물에서 월세로 연금 불입액을 충당하고 있으니 월세가 연금으로의 기능을 담당하는 것이다. 비교적 젊은 나이임에도 '인생은 한 번뿐이다'를 외치며 노후를 위해 연금 불입액을 최고로 내는 K가 진정한 욜로족이 아닌가 하는 생각해본다.

여러분 주위에도 건물 월세를 받아 생활자금으로 사용하시는 분들을 종종 보게 될 것이다. 그것이 평생연금이다. 내가 건물을 매도하지 않고 평생 보유하기만 하면 월세는 평생 지급되는 평생연금 아닌가? 젊어서 기업이 보장하는 연금인 2층 연금의 혜택을 받을 수 없었던 분들이 선택할 수 있는 최고의 연금 방법은 부동산에서 월세를 받는 방법이다. 그리고 부동산을 가장 싸게 구입하는 방법이 바로 경매다. 이제 부동산 월세가 평생연금으로서의 기능을 담당하는 것에 동의하는가? 동의한다면 행동해야 한다. 늘 그렇듯 행동이 뒷받침되지 않는 깨달음은 아무 의미가 없다.

돈이 좋다!
경매가 좋다!!

   '돈이 좋다'라는 명제에 대해서 '아니 싫다!'라고 말할 수 있는 사람
이 과연 몇 명이나 될까? 아마 거의 없을 것이다. 시장경제 자본주의
체제에서나 계획경제 사회주의 체제에서조차도 돈이 싫다는 사람은
없을 것이다.

   살면서 많은 순간, 돈이 곧 자유가 되고, 돈이 곧 자존심이 된다. 솔
직히 말해 나는 돈이 좋다. 착실하게 사느라 수고했다고 보상을 받는
느낌이랄까? 친구와 술 한잔 하고 계산서를 가로채 시크하게 "내가 낼
게!"라고 말할 수 있게 해주고, 힘들고 괴로울 때는 내 욕구를 해결해
주고, 내 스트레스를 날려버릴 방법을 제공해주기도 하고, 맛있는 음
식을 마음껏 먹을 수 있게 해주는, 그런 돈이 나는 참 좋다. 경제적으
로 자유로울 때 비로소 선택의 자유가 생기고 심지어 인격적 자유를
얻을 수 있다. 그래서 나는 오늘도 열심히 돈을 벌기 위해 노력한다!

돈은 나를 멋진 중년으로 만들어주며 효자로 만들어주고 어머니의 자신감이 돼 주기도 한다. 능력 있는 배우자가 될 수 있고, 멋지고 자상한 부모가 될 수 있는 데 큰 역할을 한다. 그 외에도 돈이 좋은 이유는 밤새워 이야기할 수 있다.

돈에 대한 명확한 개념을 정립할 수 있는 《겟 머니》의 서평을 소개하겠다.

당신은 부자가 되고 싶은가?

이 질문에 '노(No)'라고 대답할 사람은 아무도 없을 것이다. 조금 소박하게 말하더라도 부자까지는 아니어도 먹고사는 데 크게 문제없을 정도로 돈을 벌면 좋겠다고 말할 것이다. 인류 역사상 전례 없는 풍요로운 시대에 아이러니하게도 '부'는 어린아이들부터 노년층에 이르기까지 전 세대가 간절히 원하는 열망의 대상이 됐다.

오늘날 청년들의 가치관을 대변하는 두 단어가 있다. 바로 욜로족과 파이어족이다. 욜로족은 한 번뿐인 인생 오늘을 즐기자며 소비에 치중하는 삶을 사는 것이고, 파이어족은 30대 또는 적어도 40대에는 은퇴를 하고 이후에는 유유자적한 삶을 살기 위해 현재는 열심히 돈을 벌고 모으는 것이다. 2가지 라이프스타일은 얼핏 양극단처럼 보이지만 그 바탕을 이루는 것은 하나, 바로 돈이다. 현재를 즐기든, 40대에 은퇴를 하든 돈이 있어야 한다. 그렇다면 우리는 왜 부자가 되려고 하는가? 여기에 대한 답은 실패하지 않은 투자자, 유럽의 워런 버핏이라 불리는 앙드레 코스톨라니가 쓴 『돈, 뜨겁게 사랑하고 차갑게 다루어라』에 나온다.

"재정적인 독립은 건강 다음으로 중요한 최고의 선이며 가장 귀한 것이다."

여기서 말하는 재정적 독립이란 바로 오늘날 최고의 화두인 '경제적 자유'다. "경제적 자유를 얻으면 내가 하고 싶은 일을 하고 하기 싫은 일은 하지 않아도 된다. 늘 생계의 무게를 짊어지고 사는 우리에게 이보다 더 매혹적인 가치가 있을까?"

부자가 되면 남의 눈치를 볼 필요 없고, 불확실한 변수에 근심하지 않으며, 일관성 있게 내 삶을 만들어갈 수 있다. 온전히 내가 중심이 되는 행복한 삶을 살 수 있는 것이다.

부를 획득하는 과정을 5가지 단계로 나눴다. 1단계는 돈의 본성을 파고드는 것이다. 돈의 본성을 알지 못하면 잠까지 줄이고 일상의 행복을 포기하면서까지 열심히 일해도 돈을 벌 수 없기 때문이다. 부자들은 돈은 인격체와 같아서 머물고 싶은 사람이 있다고 말한다. 그렇다면 돈이 머물고 싶은 사람이 되기 위해서는 어떻게 해야 할까? 2단계는 돈의 흐름에 올라타는 것이다. 열심히 노력하는 것만으로는 부자가 될 수 없다. 대부분의 사람은 돈이 흐르지 않는 곳에서 열심히 일하며 돈이 벌리지 않는다고 한탄한다. 부자가 되려면 돈이 흐르는 지점을 파악하는 안목이 필요하다. 3단계는 돈의 파트너, 즉 나 대신 돈을 벌어다 줄 사람을 구축하는 것이다. 부자들은 돈 버는 시스템을 움직이는 것은 곧 사람이라고 말한다. 개인의 힘과 노력만으로는 장사는 할지언정 사업을 하기는 힘들다. 모은 자산을 불려 나가는 지점이 바로 여기다. 사람들은 단 몇 년 만 풍족하게 살기 위해 부자가 되려는 것이 아니다. 평생 부를 유지하기 위해 중요한 것이 4단계 돈의 무대를 넓히는 것과 5단계 돈의 재생산을 지속하는 것이다. 이것이야말로 부의 진정한 의미를 알고 행복한 삶을 실현할 수 있는 단계다.

《겟 머니》란 책의 본문에 나오는 돈을 대하는 태도에 대한 일화를 소개하고자 한다. 이 일화에서 시사하는 바가 크다. 부산 앞바다에서 주머니 속 손수건을 꺼내다 50원짜리 동전을 바다에 빠뜨린 대기업 회장. 그는 긴 막대기를 주워 바닷물을 휘휘 저어 그 동전을 찾기 시작했고, 급기야 수행비서와 함께 모임을 가졌던 여러 경제인들이 모두 다 동전 수색에 나섰다. 찾지 못하자 회장은 "잠수부를 동원해" 긴급지시를 내렸다. "50원도 돈이다. 그리고 돈은 인격체다. 내게 들어온 돈을 잃어버렸는데 찾을 노력을 하지 않으면 다시는 돈이 나를 찾지 않을 것이다." 그는 돈에게 잘 보여야 돈이 다음에도 자신을 잘 찾아온다고 했다. 친구를 데리고 찾아온다고. 맞는 말이다. 내 소중한 사람이 바다에 빠졌다고 생각하면 우리는 어떻게 하겠는가? 반드시 찾을 것이다. 돈이 인격체라는 말, 친구라는 말. 이 말을 우리는 명심해야 할 것이다.

사실 돈이 많으면 행복하다. 고민의 정도가 달라지기 때문이다. 당장 내일 무얼 먹고 하루를 나야 할지를 고민해야 하는 것과 세금을 합법적으로 줄이기 위해 고민하는 것은 천지 차이 그 이상일 것이다. 돈은 신분상승을 시켜줄 유일한 도구며 자본주의가 준 축복이다. 돈으로 행복을 살 수는 없지만, 행복해질 기회는 살 수는 있다는 말이 새롭게 느껴진다.

자본주의 사회에서의 돈이란 없어서는 안 되는 필수불가결한 것이다. 그러므로 돈을 얻고자 하는 것은 지극히 당연한 행위다. 하지만 사회는 흥부전의 놀부나 스크루지 이야기 등을 가르치며 아주 어릴 적부터 돈에 대한 부정적인 마인드를 심어 놓는다. 놀부는 돈만 좇아 제비 다리를 부러뜨리고, 스크루지는 지독한 구두쇠로 악독한 성격을 가졌다느니 등 돈을 추구하는 것은 지독하게 이기적인 행위며 해서는 안 될 것이라고 말한다. 하지만 상류층들은 버젓이 그 돈을 얻기 위해 사람들을 착취하고 나쁜 짓도 스스럼없이 하곤 한다.

나는 여기서 중세시대에서의 성경을 독점한 교회나 문자의 보급을 두려워해 훈민정음을 반대한 그 당시 선비들이 생각난다. 자신들의 아성을 무너뜨리지 못하도록 평범한 사람들에게 돈에 대한 부정적인 인식을 퍼뜨렸다. 중세시대 인쇄술의 보급으로 성경이 널리 퍼지자 르네상스와 혁명이 대두 됐고, 훈민정음으로 문자가 보급되자 서민들의 지식수준이 비약적으로 상승했다. 그들은 이것을 두려워하는 것이다.

어떤가? 돈에 대해 알아보니 어떻게 행동해야 하는지 보이지 않는가? 우리가 돈을 벌기 위해서는 여러 가지의 수단이 있겠지만, 그중에서도 특히 경매로 돈을 버는 방법에 대해서 공부하고 있다. 전술에서 경매의 장점과 돈을 버는 방법에 대해 많이 살펴봤다. '경매'라는 단어는 필연적으로 부동산을 떠올릴 수밖에 없다. 부동산의 특징은 고정성, 부증성, 영속성, 개별성이란 특징이 있다. 부동산은 생산으로 늘릴

5천만 원으로 5년 만에 50억을 만든
부동산 경매 고수의 현실적인 투자 비결

수 있는 재화가 아니다. 세상에 똑같은 부동산은 없다. 유일무이한 개별성이 있기에 우리는 부의 척도로 부동산의 소유 정도를 부의 척도로 삼아 왔다. 즉, 부자는 부동산을 많이 소유하고 있다. 그 부동산을 가장 싸게 매수하는 방법은 경매를 통하는 방법밖에 없다.

경매 시장은 부동산의 도매 시장이다. 경매는 정부에서 할인도 해준다. 이상의 이유들이 우리가 경매를 공부하는 이유다. 우리가 경매를 안 할 이유를 찾아보라. 굳이 있다면 여러분의 실력 정도일 것이다. 실력은 노력하면 늘어날 것이다. 그럼 해결됐다. 여러분의 노력으로 실력을 향상하기만 하면 되는 것이다. 나는 경매가 여러분이 부자의 삶을 사는 데 필요한 마중물이 되기를 바라고 충분히 마중물 역할을 할 수 있다고 생각한다.

결론적인 말을 하자면 돈은 좋은 것이다. 그렇다면 경매로 돈 벌자. 대충 쓸만한 이야기를 들었다는 생각으로 현재의 삶을 계속 살든지, 아니면 자신의 삶과 경제적 상황을 바꾸는 일에 온 힘을 집중하든지 선택은 늘 당신의 몫이다.

이렇게 외쳐보자. "나 돈 많으니까 괜찮아! 배우자도 없고 아이도 없이 홀로 외로울 것 생각하면 두렵지 않아? 늙어서 의지할 곳이 없잖아! 신경 끄세요. 나 돈 많으니까! 명품 가방을 사? 명품 시계를 사? 슈퍼카를 산다고? 허영심이 지나친 거 아니니? 신경 끄세요. 나 돈 많으니까!"라고 외치며 살 수 있는 당당함으로 살자. 누군가의 말처럼 당신은 당신의 성공 속도가 당신 부모님이 늙어가는 속도를 앞지를 수 있도록 노력하기를 바란다.

마지막으로 워런버핏의 투자 명언으로 마칠까 한다. "잠자는 동안에도 돈이 들어오는 방법을 찾아내지 못한나면 당신은 죽을 때까시 일해야만 할 것이다." 잠자는 동안에도 돈이 들어오는 시스템을 만들고 싶다면 경매를 통한 부동산 투자가 휼륭한 방법이 될 것이다.

에필로그

　책을 집필한다는 것은 여러 가지 아쉬움과 고마움이 교차하는 과정이었다. 내용적인 측면과 현장의 사실감을 생생하게 전달하고자 했으나 지면의 한계를 실감케 하는 아쉬움이 너무도 크다. 이러한 아쉬움은 새로운 창작에 대한 의욕을 불러일으키고 노력을 요구하기도 한다.

　경매의 방법은 법에서 정해 그 절차에 따라 진행하는 것이니 별반 다를 게 없다고 느낄 수 있다. 그러나 각자의 경험은 다르고 해석 또한 다를 수 있으니 그 경험치를 통한 교훈에서 지혜를 얻기 바란다. 내 경험과 수강생들의 경험을 통해 동기부여를 하고 싶었다.
　저자는 특히 배당 부분을 중요하다고 생각해 많은 지면을 할애했다. 경매는 결국 돈을 어떻게 나누고 누가 받았고 누가 못 받았느냐에 따라 사건이 해결되기 때문이다.

　이 책을 쓰는 것은 내 경험치를 전달해주고 '행동'이라는 키워드에 일치하는 행동을 한 많은 경험자를 소개함으로써 여러분에게 행동의 중요성을 일깨워 주기 위함이다. 여러분이 이 책을 통해 얻을 것은 '행동'이다.

행동하지 않는 자의 가장 비겁한 변명은 '내일'이다.

행동하는 성공자의 가장 현명한 실천은 '오늘'이다.

내일은 영원히 내일로만 끝난다. 결코 오늘이 오지 않기에 행동하지 못한다. 내일이란 핑계로 계획만 할 뿐 절대 오늘이 되지 못하니 행동할 수가 없다.

사람들에게는 하고 싶은 일과 해야 하는 일이 있다. 만약 당신이 하고 싶은 일을 먼저 하는 사람이라면, 미래에는 해야 하는 일만 하며 살 수 있다. 그렇지만 해야 하는 일을 먼저 하는 사람이라면 미래에 하고 싶은 일만 하며 살 수 있다. 그러니 해야 하는 일을 행동으로 실천하는 성공적인 투자자가 되기를 바란다.

지금의 경제 상황과 부동산 경기의 하락기에 공부하면서 준비돼 있어야 한다. 지난 IMF 시기에 부동산 경험을 해보지 않았던가. 정부에서 부동산의 규제를 많이 풀었다. 어떤 시그널을 주는지 그동안의 경험으로 알 수 있지 않은가? 부동산 경매 시장의 활황기의 신호탄이 쏘아 올려졌다. 준비해서 성투하길 바란다.

저자는 2023년 상반기를 목표로 NPL, GPL 대부법인과 부동산 중

234 5천만 원으로 5년 만에 50억을 만든
부동산 경매 고수의 현실적인 투자 비결

개법인, 경매 학원 법인, 인테리어 법인 설립을 준비하고 있다. 순조롭게 진행되고 있으며, 2023년 새해에는 새로운 법인을 통해 더 나은 모습과 더 좋은 콘텐츠로 찾아뵐 것을 약속한다.

　마지막으로 이 책을 끝까지 읽어주신 독자님들께 감사의 말을 올린다. 졸작에 관심을 가지고 집필과정에 아이디어를 주고 퇴고에 도움을 준 수강생 여러분과 친구들에게 다시 한 번 더 고개 숙여 감사를 표한다. 특히 퇴고에 많은 도움을 주신 나의 스승 전상준 수필가님께도 감사를 표한다. 또한, 책을 집필하며 한층 더 성장한 나 자신에게 감사한다.

두류도서관에서 **박병주**

경매 용어

임의경매(담보권의 실행 등을 위한 경매)
저당권, 전세권, 유치권 등의 담보물권이 가지고 있는 경매권에 의해 실행되는 경매. 이는 담보권자 자신이 스스로 담보물을 취해 환가하고 그 대금으로부터 피담보채권의 변제받는 제도다.

강제경매
채무자 소유의 부동산을 압류, 환가해 그 매각대금을 가지고 채권자의 금전채권의 만족을 얻기 위해 집행하는 절차다. 확정된 이행판결, 확정된 지급명령, 화해조서, 조정조서, 공증된 금전채권문서 등의 집행권원을 가지고 있는 채권자가 표시된 이행 청구권의 실현을 위해서 채무자 소유의 부동산이나 동산을 압류한 후 경매를 진행해 변제받는 제도다.

재경매
입찰자가 결정된 후에 매수인이 대금 지급 의무를 이행하지 않은 부동산의 경우 담당 판사는 직권에 의해 입찰 일자를 재공고 후 재경매 명령을 하고 다시 입찰하는 제도다.

일괄매각
법원은 경매의 대상이 되는 여러 개의 부동산의 위치, 형태, 이용관계 등을 고려해 이를 하나의 집단으로 묶어 매각하는 것이 알맞다고 인정하는 경우 직권이나 이해관계인의 요구에 따라 일괄해 매각하도록 결정할 수 있다.

공매
국세징수법에 의해서 국가기관에 체납된 세금을 징수하기 위해 한국자산관리공사라는 공공기관에 의뢰해 강제 매각하는 절차. 압류재산 처분과 비업무용 부동산의 처분이 주가 되며, 한국자산관리공사가 밀린 세금을 대신 받아주는 대리인이 되어 대상 부동산을 처분하는 제도다.

소제주의
낙찰인이 낙찰받은 후 부동산 위에 존재하는 모든 부담이 소멸되고 완전한 소유권을 취득한다.

인수주의
낙찰에 의해 모든 부담이 소멸되지 않고 매수인이 부담해야 하는 것으로 민사소송법은 소제주의를 원칙으로 있지만, 예외적으로 인수주의를 취한다. 저당권, 담보가등기, 가압류는 순위에 관계없이 모두 말소되고 그 이후의 후순위의 모든 권리는 소멸한다. 그러나 1순위 저당권, 담보가등기, 가압류보다 앞선 지상권, 지역권, 전세권 등의 권리와 대항력 있는 임차권도 소멸되지 않아 매수인이 부담해야 하며, 별개로 법정지상권, 유치권 인정 여부에 따라 인수될 수 있다.

잉여주의
집행법원은 법원이 정한 최저경매가격으로 압류채권자의 채권에 우선하는 부동산상의 모든 부담과 경매 비용을 변제하면 남는 것이 없다고 인정한 때는 이러한 사실을 압류채권자에게 통지하고, 압류채권자 스스로 매수할 것인지를 확인한 후, 충분한 보증을 제공하지 않는 한 경매 절차를 법원이 직권으로 취소하게 된다.

대항력
주택임차인이 임차주택을 인도받고 주민등록을 마치면, 그다음 날부터 그 주택의 소유자가 다른 사람으로 변경되더라도 임차권을 가지고서 대항할 수 있다. 이 힘을 주택임차인의 대항력이라 부른다. 임차보증금 전액을 반환받을 때까지 주택임차인이 새로운 매수인에 대해 집을 비워 줄 필요가 없다는 것이지만, 대항요건을 갖추기 전에 선순위 권리가 있었다면 대항력이 인정되지 않는다.

우선변제

대항요건(주택인도, 주민등록)과 주택임대차 계약서상에 확정일자를 갖춘 임차인은 임차주택이 경매되거나 공매될 경우 임차주택의 환가 대금에서 후순위 담보권자나 기타 채권자에 우선해 보증금을 변제받는다.

확정일자

법원의 등기소 또는 공증인 사무실, 구청이나 동사무소에 주택임대차 계약서에 현재 날짜를 증명하기 위해 확정일자의 번호와 도장을 찍는 것을 말한다. 임차주택을 인도받고 주민등록 전입신고와 함께 확정일자를 받으면 된다.

말소기준권리

최고가매수인은 낙찰대금을 완납하게 되면 등기 여부와 관계없이 사실상 낙찰 부동산의 소유권을 취득하게 된다. 소유권이전등기를 하면서 등기사항증명서상의 권리 중 어떤 권리들은 말소촉탁등기 대상이 되어 소멸하게 되고, 또 어떤 권리들은 말소촉탁의 대상이 되지 않아 매수인이 인수해야 한다. 이때 말소와 인수의 기준이 되는 권리를 말소기준권리라고 한다.

말소기준권리가 될 수 있는 권리들은 근저당권, 저당권, 압류, 가압류, 담보가등기, 강제경매개시결정등기와 경우에 따라 전세권도 인정된다. 이 권리 중 등기사항증명서상에서 등기일자가 가장 빠른 권리로 보면 된다. 통상 말소기준권리보다 빠르면 선순위 권리로 인수해야 하며, 말소기준권리보다 늦으면 후순위 권리로 소멸된다.

압류

확정판결이나 기타 집행권원에 의해 강제집행을 하기 위한 보전수단으로 가압류처럼 소송 후 경매를 실행하는 것과 달리 소송하지 않고 바로 경매에 들어갈 수 있다.

가압류
금전채권이나 금전채권으로 바꿀 수 있는 청구권을 위해 소송을 제기하고 강제집행을 실행하고자 할 때 소송기간 동안 채무자가 재산을 도피, 은닉하지 못하도록 묶어두는 보전수단이다.

가처분
소유물 반환청구권, 임차물 인도 청구권 등과 같이 특정물에 대한 각종 청구권을 가지는 채권자가 장차 집행보전을 위해 현재의 상태대로 현상을 고정할 필요가 있을 때 제3자에게 양도 등의 처분을 금지시키고 그 보관에 필요한 조치를 해두는 처분이다.

가등기
절차적으로 종국등기를 할 수 있을 요건을 구비하지 못한 경우나 권리의 설정, 이전, 변경, 소멸의 청구권을 보전하려고 할 때 본등기를 위해 그 순위를 보존하게 하려고 미리 해두는 행위다. 원활하게 소유권 이전을 하기 위해 등기순위를 확보하는 제도로 가등기에 기해본등기를 하게 되면 본등기의 순위는 가등기의 순위로 올라가게 된다.

변경
경매 진행 절차상의 중요한 새로운 사항이 추가되거나 권리가 변동해 지정된 경매 기일에 경매를 진행시킬 수 없을 때 담당재판부가 직권으로 경매 기일을 변경하는 것으로 경매 진행 기일이 변경되었음을 뜻하며, 채무자가 채무를 갚겠다는 노력이나 의사를 보이면 채권자가 경매 기일 연기 신청을 하면 법원에서 받아들일 수 있다.

연기

채무자, 소유자, 또는 이해관계인에 의해 경매 신청 채권자의 동의하에 일자를 지정한다.

취소

채무의 변제 또는 경매원의 소멸로 경매개시결정 자체를 취소하는 것이다.

취하

경매 신청 채권자가 경매 신청 행위를 철회하는 것으로 취하되면 더 이상 경매가 진행되지 않고 종결된다. 이러한 철회는 경매개시결정에서부터 경락인이 대금을 납부할 때까지 가능하며, 최고의 매수신고인이 결정된 후에는 최고가매수인의 동의가 필요하다.

유찰

입찰불능, 즉 경매 입찰에서 응찰자가 없어 낙찰되지 못하고 무효가 선언돼 다음 경매에 넘어가게 되는 것으로 통상 다음 입찰 때는 20~30%의 저감이 있다.

정지

이미 실행된 부분 외에 장래의 절차만을 일시적으로 정지하는 것이다.

종국

경매를 개시해 배당완료 후 배당이의 등 모든 것이 종결되었다는 뜻이다. 통상 배당이 완료되면 '종국'이라고 표시하고 배당이의 등으로 인해 미해결된 사안이 있으면 '미종국'이라고 표시한다.

기각

민사소송법상 신청의 내용을 종국재판에서 이유가 없다고 배척하는 것을 말하며, 기각의 재판은 본안판결이며 형식재판인 각하와 구별된다. 각하는 국가기관에 대한 행정상 또는 사법상의 신청을 배척하는 처분, 특히 소송상 법원이 당사자 그 밖의 관계인의 소송에 관한 신청을 배척하는 재판을 말한다.

감정평가서

토지 등의 경제적 가치를 가액으로 표시하는 것으로, 국가에서 시험을 통해 선출한 감정평가사가 공시지가 및 각종 공공사업 및 세금, 관리처분, 경매, 소송 등을 위해 금액을 산정하게 된다. 경매에서는 이를 통해 최초매각가격을 정하는 기준이 되는데, 보통 평가가격은 표준지의 공시지가에 시점요인, 지역요인, 개별요인, 기타요인을 감안해 산정하게 되며, 그 내용은 누구든지 볼 수 있도록 하고 있다.

현황소사보고서

법원은 경매개시결정을 한 후 지체 없이 집행관에게 부동산의 현상, 점유관계, 차임, 또는 임대차 보증금의 수액 기타 현황에 관해 조사할 것을 명하는데, 통상 집행관이 이를 작성하며 그 조사내용을 법원에 제출하게 되고, 누구든지 볼 수 있도록 하고 있다.

매각물건명세서

법원은 부동산의 표시, 점유자의 권원, 점유할 수 있는 기간, 차임 또는 보증금에 관한 관계인의 진술 등을 작성해 놓은 서류이다. 여기에 등기된 부동산에 대한 권리나 가처분 등 매각으로 효력을 잃지 않는 것과 지상권의 개요, 토지별도등기, 특별매각조건 등의 내용이 작성되며 매각기일 1주일 전까지 법원에 비치해 누구든지 볼 수 있도록 하고 있다.

특별매각조건

부동산 경매에서 입찰보증금은 보통 최저가의 10%이지만, 어떤 사정으로 보증금을 미납하는 경우 다음 차수에서는 최저가의 20%로 정해 입찰보증금으로 납부하는 조건을 말한다.

이해관계인
경매 절차에서 이해관계를 가진 자 중에 법이 특별히 보호할 필요가 있는 것으로 보아 이해관계인으로 법에 규정한 자를 말하며, 그들에 대해서는 경매 절차 전반에 관여할 권리가 있다고 본다.

대위변제
채무자가 아닌 제3자(공동채무자 등)이 채무자 대신 변제해주고 변제해준 사람은 구상을 취득하게 되므로 채권자의 범위 내에서 권리를 행사하게 되는 것을 말한다. 통상 후순위임차인이 소액의 선순위채권이 있는 경우, 이를 대신 변제해 선순위임차인의 지위로 향상시켜 대항력을 유지해 보증금액을 온전히 보존받기 위해 하는 경우가 많다. 최근에는 저금리로 인해 일부 금융권에서 채무자의 동의하에 1순위 근저당 채권을 그대로 승계받으면서 대신 변제하고 경매를 취하시켜 일정 기간 시간을 버는 경우도 있다.

토지별도등기
토지에 건물과 다른 등기가 있다는 것으로 집합건물은 토지와 건물이 일체로 거래되도록 되어 있는바, 토지에는 대지권이라는 표시만 있고 모든 권리관계는 전유부분의 등기기록에만 기재하게 돼 있다. 건물을 짓기 전에 토지에 저당권 등 제한물권이 있는 경우 토지와 건물의 권리관계가 일차하지 않으므로 건물등기 기록에 '토지에 별도의 등기가 있다'라는 표시를 하기 위한 내용을 말한다.

대지권미등기
원래 대지사용권이 없으면 낙찰 후 대지권을 취득할 수 없지만, 미등기 집합건물에 대해 경매 신청 있는 경우 대지사용권을 매각목적물에 포함되는 것으로 보고 그에 대한 감정평가액을 최저매각가격에 포함시

켰다면 일반적으로 문제가 없는 것으로 본다.

대지사용권은 원칙적으로 전유부분 건물의 종 된 권리로, 단순한 절차 미비로 대지지분이 미등기돼있는 경우라면 대금을 납부하면 대지지분의 소유권 이전이 가능하기 때문이다. 다만 신도시지역의 대지권미등기의 경우 분양대금 미납분에 따라 추가로 금액을 부담해야 하는 경우도 있으니 주의가 필요하다.

토지근저당권 인수

아파트, 다세대주택 등의 집합건물이 아니고 건물, 토지 각각 있는 다가구주택에서 건물이 아닌 토지 부분에 근저당권이 있으므로 해당 근저당 채권액을 매수인이 책임져야 한다는 것을 말한다.

제시외 건물

포함, 미포함이 있는데 해딩 경매 물건이 소개(사번 ***, 물건 **)뇌고, 물건 이외에 소개되는 물건(제시외 건물)이다. 일반주택에 별도의 화장실, 창고, 옥탑방 등이 해당할 수 있다.

배당요구

강제집행에서 압류채권자 이외의 채권자가 집행에 참가해 변제를 받는 방법으로 민법, 상법 등에 의해 우선변제청구권이 있는 채권자나 집행력 있는 정본을 가진 채권자, 경매개시결정등기 후에 가압류를 한 채권자가 법원에 대해 배당요구를 신청할 수 있다. 배당요구종기까지 배당요구를 해야 하며, 이때까지 요구하지 않으면 매각대금으로부터 배당받을 수 없고, 그 후 배당을 받은 후순위 채권자를 상대로 부당이득반환청구를 할 수도 없다.

채권계산서

채권자는 배당요구의 종기까지 법원에 그 채권의 원금, 이자, 비용 기타 부대채권의 계산서를 제출해야 한다. 채권자가 계산서를 제출하지 아니한 경우 법원은 배당요구서 기타 기록에 첨부된 증빙서류에 의해 채권액을 계산하게 되며, 배당요구의 종기 이후에는 채권액을 보충할 수 없게 된다.

기일입찰

경매 매각 방법의 하나로 정해진 매각기일에 출석해 입찰표와 매수신청보증을 제출하는 방식으로 진행하는 경매방식을 말한다. 매수희망자로 하여금 입찰가격을 기재한 입찰표를 제출하게 하고 개찰을 해 최고액의 입찰가격을 기재한 입찰자를 최고가매수신고인을 정하게 된다. 또한, 기간입찰은 기일입찰과 달리 1주일 이상 1개월 이하의 범위 안에서 입찰기간을 정해 원거리에 거주자도 등기우편의 방법을 통해 입찰에 참여할 수 있도록 하는 방법도 있지만, 대부분의 법원에서는 기일입찰만 진행하고 있다.

매각기일

경매법원이 목적 부동산에 대해 실제 매각을 실행하는 날로 매각할 시각, 장소 등을 매각기일 14일 전에 법원게시판에 게시함과 동시에 일간신문에 공고할 수 있다. 매각기일이 잡히면 법원은 매각기일과 매각결정기일을 이해관계인에게 통지해 불이익이 없도록 하고 있다.

차순위매수신고

최고가 입찰자 이외의 입찰자 중 최고가 입찰액에서 보증금을 공제한 액수보다 높은 가격으로 응찰한 사람은 차순위 입찰신고를 할 수 있다. 차순위입찰신고를 하게 되면 매수인이 낙찰대금을 납부하기 전까지 보증금을 반환받지 못한다. 최고가 입찰자에 국한된 사유로 낙찰이 불허되거나 낙찰이 허가되더라도 그가 낙찰대금을 납부하지 않을 경우, 다시 입찰을 실시하지 않고 바로 차순위입찰 신고인에게 낙찰을 허가하므로 유리할 수도 있지만, 실무에서는 많이 하지 않는다.

매각결정기일

입찰한 법정에서 최고가 입찰자에 대해 낙찰허가 여부를 결정하는 날로 입찰법정에서 선고한 후 법원 게시판에 공고만 할 뿐 매수인 채권자 채무자 기타 이해관계인에게 개별적 통고는 하지 않으며, 통상 경매기일로부터 7일 이내에 결정한다. 낙찰허가 결정이 선고된 후 일주일 내에 이해관계인(매수인, 채무자, 소유자, 임차인, 근저당권자 등)이 항고하지 않으면 낙찰허가 결정이 확정된다. 이후 매수인은 법원이 통지하는 대금납부기일에 낙찰대금을 납부해야 하고 대금납부기일은 통상 낙찰허가 결정이 확정된 날로부터 1개월 이내로 지정한다.

농지취득자격증명(농취증)

농지를 취득하고자 하는 자가 필수로 발급받아야 하는 서류. 경매의 경우 농지를 취득한 자가 법원에서 발급해준 '최고가매수인' 증명서를 가지고 농지 소재지의 읍면동 주민센터에 가서 신청하면 된다. 처리 기간은 접수일로부터 4일 이내지만 경우에 따라서는 당일 발급도 가능하다. 경매에서는 매각결정을 위한 필수 제출서류이므로, 발급받지 못할 경우, 입찰보증금이 몰수될 수도 있기에 입찰 전 확인이 필요하다. 1,000㎡ 미만 농지의 경우, 농지취득자격증명신청서만 작성하면 되고, 1,000㎡ 이상 농지의 경우 추가로 농업경영계획서도 작성해야 한다.

즉시항고

법원의 결정이나 명령에 대한 불복, 부동산 경매 절차에서 경락허가결정에 대한 항고를 하면 집행정지의 효력을 가지며 결정이 확정될 때까지는 대금의 지급이나 배당기일 또는 신경매 기일이 중지된다.
채무자나 소유자가 한 항고가 기각된 때는 보증으로 제공한 금전이나 유가증권을 전액 몰수해 배당할 금액에 포함하게 되고, 그 외의 사람이 제기한 항고가 기각된 때에는 보증으로 제공된 금원의 범위 내에서 항고기각결정이 확정된 날까지의 매각대금에 법정이자를 물게 되고, 나머지는 돌려받게 된다.

소유권이전등기촉탁

소유권이전등기는 매매, 상속, 증여 등에 의해 유상 또는 무상으로 부동산의 소유권이 이전되는 것으로 부동산 등기사항증명서상에 이 내용을 기입하는 것이다. 촉탁이란 어떤 일을 남에게 부탁해 대신 처리하게 하는 것으로 최고가매수인이 되어 잔금을 납부하게 되면, 해당 담당 경매계에서 소유권이전등기를 직권으로 등기소에 촉탁해준다.

경매에서는 매수인이 대금을 완납하면 매각 부동산의 소유권을 취득하게 되는 것이므로, 집행법원은 매수인이 등기비용을 부담하고 등기촉탁 신청을 하면 매수인을 위해 소유권이전등기를 대신 해주게 되고, 각종 말소등기 내역을 작성하면 매수인에게 인수되지 않는 권리를 등기관에게 말소하도록 촉탁하는 절차다.

배당

매각대금으로 각 채권자를 만족시킬 수 없는 경우에 권리의 우선순위에 따라 매각대금을 나눠주는 절차. 법에 명시된 순서에 따라 배당받게 된다. 이를 위해 집행법원은 배당기일 전에 배당표를 미리 작성해 이해관계인과 배당요구한 채권자에게 열람시켜 의견을 듣고, 정정할 것이 있으면 수정해 배당표를 완성한 후, 배당기일에 확정하게 된다.

상계

채권자와 채무자가 서로 같은 종류의 채권 채무를 가지고 있을 경우에 그 채권과 채무의 같은 액수를 서로 없애 버리기 위한 한쪽의 의사표시다. 경매에서는 채권자가 동시에 매수인이 되는 경우가 있는데, 채권자는 매각대금을 상계 방식으로 지급하고 싶으면 매각결정기일이 끝날 때까지 법원에 위와 같은 상계를 하겠음을 신고해야 하고 배당기일에 매각대금에서 배당받아야 할 금액을 제외한 금액을 납부하면 된다. 그러나 채권자가 배당받을 금액에 대해 다른 이해관계인으로부터 이의가 있는 경우 매수인은 배당기일이 끝날 때까지 이에 해당하는 대금을 납부해야만 한다.

배당이의

배당기일에 출석한 채권자는 자기의 이해에 관계되는 범위 안에서 다른 채권자를 상대로 그의 채권 또는 채권의 순위에 대해 이의를 할 수 있다. 이의를 제기한 채권자가 배당이의의 소를 제기하고 배당기일로부터 일주일 내에 집행법원에 대해 소제기증명을 제출하면, 그 금원에 대해는 지급을 보류하고 공탁을 하게 된다. 이의제기 채권자가 그 증명 없이 기간을 도과하면 이의에도 불구하고 배당금을 지급되게 된다.

명도

점유인을 퇴거시키고 거기에 있는 동산을 철거한 후에 인도하는 것으로 명도는 인도의 한 형태다.

부동산 인도명령

부동산 인도명령을 신청할 수 있는 사는 낙찰인과 낙찰인의 상속인 능일반 승계인에 한하며 경락대금이 완납되었으면 소유권이전등기가 되지 않았어도 인도명령을 신청할 수 있다.

인도명령 신청은 경락대금을 완납한 경락인에게 부여된 집행법상의 권리이므로 경락인의 경락 부동산을 제3자에게 양도했더라도 경락인만이 인도명령을 구할 수 있는 권리가 있다. 종전 소유자가 인도명령에 기한 인도를 거부하는 경우에는 경락인은 법원으로부터 송달받은 인도명령 정본과 송달증명서를 집행관에게 제출해 집행을 위임해서 처리할 수 있다.

강제집행

강제집행은 채권자의 신청에 의해, 집행권원에 표시된 사법상의 이행청구권을 국가권력에 의해 강제적으로 실현하는 법적절차다. 강제집행을 하기 위해서는 집행권원이 있어야 하며, 이를 위해서는 집행사실을 기재한 공증을 받거나 지급명령, 조정, 화해 등을 통해 판결이나 동일한 효력을 받아야 한다. 경매에서는 인도명령을 통해 그 효력을 인정받으며, 인도가 용이하지 않을 시 집행까지 진행하는 경우가 있다.

유체동산 경매

유체동산의 집행은 채권자가 집행관에게 서면으로 신청함으로써 개시가 되는데, 집행하려면 집행력 있는 정본이 필요하다. 집행관이 압류를 실시한 후 압류물을 경매의 방법으로 현금화하는 절차로, 호가경매가 일반적이다.

호가 경매는 미리 정한 장소에서 집행관이 매각조건을 정해 이를 고지하고, 매각할 압류물에 대해 매수의 신청을 알린 후, 입찰자가 있으면 매각대금과 맞바꾸어 매각물을 매수인에게 인도함으로써 종결하는 것이다. 호가 경매 기일에서 매수가 허가된 때에는 그 기일이 마감되기 전에 매각대금을 지급해야 하고, 지급이 완료되면 매각물을 매수인에게 인도하게 된다.

5천만 원으로 5년 만에 50억을 만든
부동산 경매 고수의 현실적인 투자 비결

제1판 1쇄 2023년 3월 20일

지은이　　박병주
펴낸이　　최경선　　**펴낸곳**　　매경출판(주)
기획제작　㈜두드림미디어
책임편집　이수미　　**디자인**　　얼앤똘비악earl_tolbiac@naver.com
마케팅　　김성현, 한동우, 김지현

매경출판㈜
등록 2003년 4월 24일(No. 2-3759)
주소 (04557) 서울시 중구 충무로 2(필동1가) 매일경제 별관 2층 매경출판㈜
홈페이지 www.mkbook.co.kr
전화 02)333-3577
이메일 dodreamedia@naver.com(원고 투고 및 출판 관련 문의)
인쇄·제본 ㈜M-print　031)8071-0961
ISBN 979-11-6484-311-4 (03320)